웹툰 작가, 미리보기

BEGINNER SERIES **4**

웹툰 작가, 미리보기

글 · 그림 **마브로**

웹툰 작가를 꿈꾸는 이들을 위한 직업 공감 이야기

크럭

CONTENTS

Part 2
웹툰 작가,
꿈을 펼치다

PROLOGUE

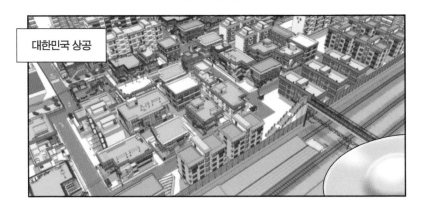

대한민국 상공

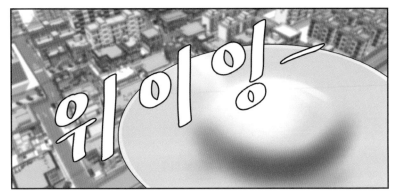

이름: 마브로
직업: 웹툰 작가

벽을 긁겠습니다.

끄아아악!

알려드릴게요! 알려드릴 테니까…

제발 목숨만 살려주세요.

살려달라니 무슨 소리인가요?

저는 인간을 죽이지 않습니다.

인간 속에서 살아가고 싶은 렙틸리언일 뿐입니다.

렙틸리언이요?

렙틸리언은 인간 세계에 섞여 살아가는 외계 종족 중 하나입니다.

우리가 아는 많은 유명인 중에도 렙틸리언이 숨어 있죠.

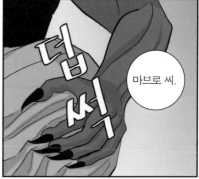

사라져도 아무도 안 찾는 당신 같은 무명 웹툰 작가가 저에겐 딱 맞습니다.

근데 외계인 님. 진짜로 제가 외계인 님께 말씀드릴 수 있는 건

꾸준히 웹툰 그리시라는 것밖에 없어요.

마브로 씨는 정말 답이 없군요.

16

이제부터는
제 질문에
대답만 하세요.

성실히 답변한다면
당신에게 새로운
삶을 드리겠습니다.

- 들어가기에 앞서 저는 웹툰 연재 한 번, 출간 두 번의 경험이 있는 신인 웹툰 작가입니다. 한정된 경험 안에서 말씀드리기에 정보가 굉장히 주관적일 수 있음을 밝힙니다.
- 웹툰, 도서, 영화 등의 작품명은 〈〉로 표기했습니다.

Part 1 웹툰 작가, 꿈을 그리다

1 웹툰 작가가 하는 일

Q1
웹툰 작가는
어떤 일을 하나요?

웹 사이트에 만화를 연재하는 만화가를 웹툰 작가라고 한다. 네이버 웹툰이나 카카오 웹툰처럼 웹툰 플랫폼에 연재하는 작가뿐만 아니라 인스타그램, 개인 블로그 등 웹상에 만화를 올리는 모든 만화가를 웹툰 작가라고 할 수 있다.

작가마다 다르겠지만 나의 경우는 기획과 이야기 구성, 글, 그림, 채색 등 혼자서 하나의 작품을 완성한다. 먼저, 가지고 있던 아이디어를 바탕으로 관련 자료를 수집하고 취재하며 대략적인 이야기를 구성한 뒤 등장인물, 배경 등을 설정해 구체화한다.

최초의 아이디어 → 자료수집, 취재 → 등장인물, 배경 설정 → 이야기 구체화

Q2
웹툰 작가의 일상은
어떤가요?

연재 중인 모든 웹툰 작가들은 마감하는 삶을 살고 있다. 직장인들은 대체로 출퇴근 시간 때문에 규칙적인 생활을 하지만 웹툰 작가는 프리랜서다 보니 작가마다 일상이 다르다. 나의 경우는 올빼미형 인간이라 오후부터 새벽까지 일하고 아침에 잠을 잔다. 마감에 쫓길 땐 하루에 2~3시간도 못 자고 만화만 그릴 때도 있다. 하지만 이렇게 생활하면 직업별 평균수명 최하위를 자랑하는 작가의 평균수명 67세를 넘기지 못할 수도 있다.

물론 모든 웹툰 작가들이 불규칙한 생활을 하는 건 아니다. 건강하고 규칙적인 생활을 하며 작품의 질 또한 좋은 작가들도 많다. 67세 이상 장수하며 꾸준히 작품 활동을 하고 싶다면 규칙적인 생활, 적절한 운동과 휴식, 효율적인 시간 관리를 할 필요가 있다.

Q3
하루에 얼마나
많은 만화를 그리나요?

연재 중일 때는 잠자고 밥 먹고 딴짓 집안일, 웹서핑, 유튜브, 넷플릭스 시청 등하는 시간을 제외한 하루의 모든 시간을 만화를 그리는 데 쓴다. 보조 작가 없이 글과 그림 모두 작업하는 웹툰 작가를 기준으로 했을 때 일주일의 대략적인 작업 분량과 일정은 다음과 같다. 이 과정은 연재가 끝날 때까지 반복된다.

- **일주일 작업 과정(1화당 70컷 기준)**

  1일 차: 글, 그림 콘티 작성

  2일 차: 펜 선 20컷

  3일 차: 펜 선 20컷

  4일 차: 펜 선 20컷

  5일 차: 펜 선 10컷, 밑 색

  6일 차: 밑 색, 명암, 세부 묘사

  7일 차: 대사, 말풍선, 편집

만약 글 작가와 그림 작가가 따로 있는 경우에는 일반적으로 글 작가는 스토리, 콘티 작업을 하고, 그림 작가는 그림을 그린다. 남는 시간은 그림 완성도를 높이는 데 사용한다.

웹툰 제작 스튜디오의 경우에는 한 작품에 10여 명의 팀원이 투입되어 철저한 분업으로 웹툰을 제작한다. 많은 인원이 하나의 만화를 만드는 만큼 펜 선의 정교함, 채색의 밀도, 배경이나 액세서리의 디테일이 매우 높다. 결론적으로 팀 작업을 하든 분업하든 혼자 작업하든 작업 분량이 많은 건 모두 같다.

24

한 편의 만화를 그릴 때 얼마나 많은 시간이 소요되나요?

작가의 개인 능력이나 작업 환경에 따라 다르다. 보통 한 화 70컷 기준 6~7일이 소요된다. 일상툰 작가의 경우 한 화 완성에 3~4일 정도 비교적 적게 걸리므로 주 2회를 연재할 수 있다.

박태준 만화회사의 경우 네이버 웹툰에 7개의 작품을 동시에 연재2022년 1월 기준하므로 일주일에 7편 이상의 웹툰이 제작되고 있다는 걸 알 수 있다. 그중 〈쇼미더럭키짱!〉의 경우 주 5회 연재작으로 월, 화, 수, 목, 금요일에 한 화씩 만화가 올라오는데 이처럼 작가 능력이나 팀 운영에 따라 만화 한 편에 걸리는 시간은 달라진다.

웹툰 제작 스튜디오의 경우 독자들을 사로잡아야 하는 1~3화까지는 분량도 많고 작품의 질도 높아야 해서 한 편을 만드는데 3주에서 한 달가량의 시간이 소요되는 편이다. 4~8화는 한 편에 2주 소요, 본격적인 주간 연재에 돌입하면 5일 간격으로 마감한다. 이 또한 대략적인 일정이고 스튜디오마다 작업 소요 시간은 다르다고 할 수 있다.

웹툰 작가에 대한 정보는
어디서 얻을 수 있나요?

고등학교, 대학교의 웹툰 관련학과나 웹툰학원과 같은 교육
기관에서 얻을 수 있다. 웹툰 작가와 교사를 겸직하는 분들이
많아 선생님에게 최신의 정보를 얻을 수 있고 특히 동기, 선
후배, 데뷔한 졸업생에게 많은 정보를 얻을 수 있다.

온라인으로도 많은 정보를 얻을 수 있다. 한국만화영상진흥
원 komacon.kr/komacon, 웹툰인사이트 webtooninsight.co.kr, 웹툰가이드 webt-
oonguide.com, 방사 네이버 카페 cafe.naver.com/bscomic 등에서 관련 정
보를 얻을 수 있고 카카오톡 오픈 채팅방, 유튜브 검색으로도
관련 정보를 얻을 수 있다.

개인적으로 학원 수강생이었을 때, 선생님과 동기들에게 정보
를 얻었고 학원 수료 후에도 선생님과 동기들이 많은 정보를
주었다. 한국만화영상진흥원에서 진행하는 'K-comics 아카데
미' 웹툰 교육을 수강했을 때도 선생님에게 정보를 얻었고 수
료 후에는 동기들과 지속해서 교류하며 정보를 얻었다. 웹툰은
개인 작업이 많고 사람 만날 일이 많지 않아서 학교, 학원 등
교육기관에서 만난 선생님과 동료들이 큰 도움이 된다. 현재는
한국만화영상진흥원을 통해 가장 많은 정보를 얻고 있다.

추천하는
유튜브 채널

위펄래쉬

주호민 작가가 운영하는 유튜브 채널 내 콘텐츠이다. 웹툰 작가 지망생들의 원고를 메일로 받아 피드백을 해주며 웹툰 제작의 핵심을 재치 있고 쉬운 언어로 알려준다.

스토리텔링 우동이즘

짧은 영상 안에 작가가 직접 만든 애니메이션으로 이해하기 쉽고 재미있게 웹툰 제작 전반에 대해 알려준다.

이종범의 웹툰스쿨

웹툰 작법, 웹툰 연출, 웹툰 트렌드, 웹툰 산업, 구독자 라이브 Q&A, 작가 인터뷰 등 웹툰과 관련된 거의 모든 것을 다룬다.

두미두미 웹툰강좌

실전 클립 스튜디오 활용 팁, 원고 피드백 라이브 방송, 구독자 Q&A 라이브 방송 등 다양한 방법으로 구독자들과 소통하며 웹툰 제작 비법을 알려준다.

한국만화영상진흥원

한국만화 문화 산업의 진흥을 위하여 설립된 한국만화영상진
흥원은 작가와 작가 지망생을 위한 다양한 만화 제작 지원사
업과 인력양성 프로그램을 진행하고 있다. 특히 제작 지원금
을 받고 만화를 준비할 수 있는 만화 제작 지원사업은 경제적
여건이 넉넉하지 않은 만화가 지망생과 만화가들에게 생계에
대한 걱정을 덜어주고 창작에 집중할 수 있게 해준다.

상업적이지 않은 비활성 장르 만화를 지원하는 '다양
성 만화 제작 지원사업(지원금 2,300만 원)', 웹툰 초
기에 기획과 취재를 지원하는 '창작 초기 단계 지원사
업(지원금 600만 원)' 등 다양한 만화 창작 지원사업
과 공모전, 인력양성 프로그램이 마련되어있다.

한국만화영상진흥원의 인력양성 프로그램에는 'K-comics
아카데미'라는 웹툰 교육 프로그램이 대표적이다. 웹툰 제작
에 필수 도구인 '클립 스튜디오 페인트', 배경 작업에 쓰이는
'스케치업', 시놉시스, 로그라인, 콘티 제작 등 웹툰을 만들
고 기획서를 쓰기 위해 꼭 필요한 교육을 무료로 받을 수 있
다. 독학으로 힘겨움을 느끼는 지망생들이라면 한국만화영
상진흥원의 다양한 작가 양성 프로그램을 이용해 웹툰 작가
데뷔를 앞당기는 것도 좋은 방법일 것이다.

어떻게 웹툰 작가가
되었나요?

나는 만화와 아무 관련 없는 공업고등학교 전자기계과를 졸
업했다. 대학교 또한 웹툰과 거리가 먼 공예디자인과를 졸업
했다. 이후 의류회사 디자이너로 취직해 6년간 근무하기도 했
다. 당시 의류 디자인 외에도 시계 디자인, 휴대폰 케이스 디
자인, 속옷 디자인, 포스터 디자인, 회사 SNS 관리, 회사 소개
서 만들기, 물류창고 작업 등 웹툰과는 관련 없는 일을 했다.

그러다가 퇴사를 하게 되었고, 문득 어렸을 적 꿈이었던 웹툰
작가가 떠올랐다. 이후 고용노동부에서 진행하는 취업 지원
프로그램인 '취업 성공 패키지'를 신청하여 웹툰 국비 지원교
육을 무료로 받게 되었다. 이곳에서 웹툰 제작 과정을 처음부
터 차근차근 배울 수 있었고 운 좋게 좋은 선생님 밑에서 배
우며 나도 웹툰 작가가 될 수 있다는 자신감을 얻게 되었다.

지원교육을 통해 만든 웹툰이 바로 〈절교여행〉이다. 웹툰을
제작하여 네이버 도전만화에 연재했고 도전만화에서 베스트
도전으로 올라가는 경험, 나의 만화를 좋아하는 독자가 생기
는 경험, 나의 미숙함으로 비판 댓글이 달리는 경험, 연재와
완결의 경험 등 다양한 경험을 할 수 있었다.

이후 한국만화영상진흥원에서 진행하는 'K-comics LAB'이라는 웹툰 작가 데뷔반 수업을 듣게 되었는데 현업 작가에게 직접 듣는 웹툰 제작법부터 클립 스튜디오, 포토샵, 스케치업 다루는 법 등 다양한 기술을 알게 되었다. 이를 통해 의류회사 디자인팀에서 6년간 일한 경험을 살려 〈촌스러운 디자인팀〉이라는 만화 1화를 만들었고, 2019년 한국만화영상진흥원 주최의 '만화기획개발 지원사업'에 선정되어 제작비를 지원받으며 웹툰 3화를 제작할 수 있었다. 제작된 원고를 여러 플랫폼에 문의했고 '케이툰' 플랫폼에서 연락을 받아 연재에 성공하며 마침내 웹툰 작가로서 데뷔할 수 있었다.

2 웹툰 작가가 갖추어야 할 조건

웹툰 작가가 되기 위한 조건이 있을까요?

음…. 외계인 님께서는 외부 활동을 좋아하시나요?

아니요. 맨날 우주선 안에만 있는데요?

그렇다면 웹툰 작가 하기 딱 맞습니다.

학창 시절엔 어떤 학생 이었나요?

수업 중에 이상한 상상 하면서 혼자 웃는 애?

역시나 웹툰 작가 하기 너무 좋습니다.

자기 전에는 주로 무슨 생각 하시나요?

흑역사 생각에 이불킥 하느라 잠을 못 이뤄요.

축하합니다. 당신은 타고난 웹툰 작가입니다.

Q1
웹툰 작가에게
꼭 필요한 능력은 무엇인가요?

기한 안에 원고를 마감하는 능력과 이야기를 전달하는 능력
이라고 생각한다.

마감 능력은 연재 즉시 장착해야 하는 기본 능력이자 필수 능
력이다. 작가 본인이 〈호랑이 형님〉 이상규 작가급의 실력이
있더라도 매번 마감을 어긴다면 독자와 플랫폼은 당신을 신
뢰하지 않을 것이다. 이상규 작가는 멋진 그림과 흥미로운 이
야기, 방대한 원고 분량을 지각없이 성실히 연재하기에 독자
들에게 사랑받는다. 높은 인기를 끄는 작품도 몇 번의 지각이
이어지는 순간 소위 말하는 별점 테러와 악성 댓글 세례를 받
게 된다. 그렇게 잃은 신뢰를 회복하기까지는 많은 시간이 걸
린다. 독자와 플랫폼, 그리고 작가 본인을 위해서라도 마감은
잘 지키는 게 좋다.

이야기를 전달하는 능력 또한 중요하다. 아무리 재미있는 소
재라도 이야기를 제대로 전달하지 못한다면 그건 재미없는
이야기일 것이다. 내 머릿속에 있는 재미라는 상품을 글, 그
림, 연출 등 온갖 방법을 사용해서 최대한 손상 없이 독자에
게 배송해야 한다.

예를 들어 오늘 일상에서 배 잡고 뒹굴 만큼 웃긴 일이 있었
다고 가정해보자. 스스로 너무 재밌다고 생각해 집에 오자마
자 엄마한테 이야기했는데 아래 만화와 같이 이야기를 잘 전
달했느냐에 따라 그 반응은 달라진다. 머릿속에 아무리 재미
있는 이야기가 있더라도 제대로 전달하지 못하면 그저 그런
이야기가 된다.

이야기를 잘 전달하려면
어떻게 해야 하나요?

이야기를 잘 전달하기 위해서는 주변 사람들에게 이야기하고 피드백을 받아보는 것이 좋다. 나는 흥미로운 소재가 떠오르면 먼저 주변 사람들에게 이야기한다. 반응이 시큰둥하다면 상대방이 흥미를 느끼게끔 이야기를 여러 차례 수정한다.

수정한 이야기를 들려주고 상대방이 재미있어하면 콘티 단계로 넘어간다. 콘티란 이야기를 만화로 만들기 위해 대사, 연출, 구도를 간략히 요약한 설계도를 말한다.

처음 작성한 콘티 또한 웹툰 소재를 처음 들려줬을 때처럼 반응이 시큰둥할 가능성이 크다. 작가마다 다르겠지만 나는 초등학생도 쉽게 이해할 수 있도록 콘티를 수정한 뒤 주변 사람들에게 다시 보여준다. 상대방이 콘티를 술술 읽고 재미있어하면 본격적으로 웹툰을 만든다.

이렇게 사람들에게 소재를 들려준 뒤 수정하고, 콘티를 보여준 뒤 수정하는 과정을 반복하다 보면 자연스럽게 이야기를 전달하는 능력이 향상된다. 요리를 잘하려면 요리를 자주 하고, 옷을 잘 입으려면 다양한 스타일의 옷을 많이 입어봐야 하는 것처럼, 이야기를 잘 전달하려면 사람들에게 이야기를 자주 전달해 봐야 한다.

남에게 미완성된 콘티를 보여주는 걸 부끄러워하는 이들도 많은데, 부끄러워도 반드시 보여줘야 한다. 취미로 혼자 즐기기 위해 웹툰을 만드는 거라면 남에게 보여주지 않아도 되겠지만, 웹툰 작가는 많은 사람에게 작품을 보여주는 것에 익숙해져야 하는 직업이기 때문에 웹툰 작가가 되겠다고 마음을 먹었다면 콘티를 보여줘야 한다.

남에게 보여줬을 때 설정이 부끄러우면 설정을 보완하면 되고, 연출이 부끄러우면 연출을 보완하면 된다. 부끄러움이라는 단어에서 오는 부정적인 느낌과는 달리, 내 작품을 남에게 보여줬을 때 느끼는 부끄러움은 결국 내가 보완해야 할 점을 알려주는 유익한 감정이다. 지금도 남에게 보여줄 때 부끄럽고 망설여지지만 부끄러우면 성장할 수 있다고 믿으며 적극적으로 보여주고 피드백을 받는다.

피드백을 받을 때는 상대방의 의견을 무조건 받아들이기보단 자신만의 기준을 세워 선택적으로 받아들이는 것이 좋다. 사람마다 저마다의 취향이 있고 주관적으로 해석할 수 있기에 모든 피드백을 전부 수용한다면 자신의 작품 자체가 흔들릴 위험이 있다.

또한 작품에 대한 진심 어린 조언이 아닌 근거 없는 비난, 자존심을 깎아내리는 등의 건강하지 못한 피드백을 하는 사람들이 간혹 있는데, 굳이 아픈 말에 상처받을 필요는 없다. 나에게 도움이 되는 피드백과 도움이 되지 않는 말을 구분하는 능력을 기르는 것이 중요하다.

피드백을 어느 정도로 받을 건지 본인이 선택해서 상대방에게 알려주는 것도 하나의 방법이다. 현재 신경 쓰이는 부분이나 고치고 싶은 부분만 콕 찍어서 피드백을 부탁할 수도 있다. 내가 세부적인 피드백을 요청하면 상대방도 세부적으로 답해주고 내가 특정 부분에 대해 자세하게 물어보면 상대방도 그 부분에 대해 자세하게 답변해줄 가능성이 크다. 보여주는 건 여러 사람에게 하되 피드백은 믿을 수 있는 한두 명에게만 받는 것도 좋은 방법이다.

간혹 대충 그린 콘티가 부끄럽고, 완벽한 상태에서 피드백을 받고 싶어서 완성 원고로만 피드백을 받는 사람들이 있다. 완성 원고로 받을 수 있는 피드백의 장점도 많지만 수정사항이 생겼을 경우 콘티, 펜 선, 밑 색, 명암, 배경, 식자 등 모든 공정을 새로 작업해야 한다. 그래서 나는 콘티 단계에서 스토리 관련 피드백을 받고 완성 원고로 종합적인 피드백을 받는 것을 선호한다.

원하는 부분만 피드백 받고 싶을 때 2

간략한 피드백을 받고 싶을 때

구체적인 피드백을 받고 싶을 때

구체적으로 물어보면 구체적인 답변을 받을 가능성이 크다.

Q3

웹툰 작가가 갖춰야 할
태도도 있나요?

웹툰 작가로서 갖춰야 할 태도를 꼽자면, 꾸준함이다. '공부는 머리로 하는 게 아니라 엉덩이로 한다'라는 뻔한 말처럼 내가 2년 반이라는 비교적 빠른 기간에 웹툰 작가로 데뷔할 수 있었던 이유 또한 실력보다는 꾸준히 웹툰을 그렸기 때문이라고 생각한다.

뛰어난 재능이 있음에도 꾸준히 원고를 만들지 않는다거나, 캐릭터만 그린 뒤 접는다거나, 콘티를 완성해놓고 막상 웹툰을 그리지 않는다거나, 1화를 그리다가 다시 다른 웹툰을 그린다거나, 슬럼프가 와서 혹은 일하느라 공부하느라 시간 없어서 그만두는 등 다양한 이유로 웹툰 작업을 멈춘다면 데뷔의 순간은 더 멀어질 것이다.

간혹 웹툰 작가가 되기 위해 원고가 아닌 원고 외적인 것을 꾸준히 하는 지망생들이 있다.

'나는 웹툰 작가로 데뷔하기엔 인체가 약하니 해부학을 먼저 공부하겠어!'
'나는 작업 툴을 잘 못 다루니, 웹툰 제작 프로그램을 완벽하게 숙달하겠어!'
'나는 스토리가 약하니 작법서를 마스터한 뒤 원고를 시작하겠어!'

위의 예시처럼 웹툰 작가가 되기 위해서 웹툰 원고 제작을 제외한 모든 일을 한다. 하지만 웹툰 작가가 되기 위해 최우선으로 해야 할 것은 웹툰 원고를 꾸준히 그리는 것이다. 웹툰을 만들며 부족한 인체를 공부하고, 작법을 공부하고, 툴을 배우면 된다.

또한, 1화만 만든 웹툰보다는 10화까지 만든 웹툰이 괜찮은지 판단하기 쉽고 10화까지 연재한 웹툰보다는 12부작으로라도 완결해본 웹툰이 괜찮은지 판단하기 쉽다. 작품을 완성해 봐야 '내 캐릭터가 입체적이지 않았구나', '세계관에 허점이 많구나', '직장을 그만두고 웹툰에 집중해야겠구나' 등의 판단을 할 수 있다.

주간 연재하는 모든 웹툰 작가들은 공통점이 있다. 이것을 하지 않는 웹툰 작가는 없다. 그것은 '매주 1편의 웹툰을 완결할 때까지 꾸준히 그리는 것'이다. 이야기가 산으로 가고 그림의 질이 떨어지는 때는 있어도 휴재 등 특별한 경우를 제외하고는 연재가 끊기는 일은 없다. 연재 작가와 가장 유사한 경험을 할 수 있는 훈련은 만화를 꾸준히 그리는 것이다.

Q4
웹툰 작가가 되는데
꼭 맞는 성격이 있나요?

집에 있는 걸 좋아하는 내향인, 추천한다. 앞서 말했던 꾸준히
작업하는데 이보다 좋은 성향이 없다. 직장 생활 등 여러 사
람과 팀을 이루고 일할 때 에너지와 감정이 소모되는 사람들
이 있다. 팀 작업을 하지 않는 웹툰 작가는 주로 집에서 혼자
일하기에 정신적, 육체적 에너지 소모가 직장인, 자영업자, 감
정노동자들에 비해 덜하다.

외부활동을 좋아하고 사람 만나는 걸 좋아하는 외향인, 추천
한다. 학교를 졸업하고 아무런 사회 경험 없이 웹툰 작가에
도전한다면 본인이 취재를 열심히 하지 않는 한 작품의 스펙트럼이 학원
물이나 판타지 장르에 국한될 가능성이 크다. 다양한 활동을
통해 다양한 사람을 만나서 쌓은 다양한 경험은 소재와 캐릭
터를 입체적이고 풍성하게 만드는 데 도움을 줄 것이다.

쓸데없는 망상을 즐겨 하는 분, 추천한다. 여러분이 좋아하는
많은 판타지물, 회귀물, 역사물, 공포물, SF물 등이 다른 사람
들은 비웃을지도 모르는 쓸데없는 망상에서 시작됐다. 끊임
없이 아이디어가 샘솟는 당신의 재능을 다른 작가들이 부러
워할 것이다. 당신의 상상력을 펼치기에 만화만큼 좋은 이야

기 전달 도구도 없다.

다양한 분야의 지식을 쌓는 걸 좋아하고 분석력이 뛰어난 분, 추천한다. 이들은 철학, 과학, 역사, 경제, 인문학, 건축, 미술, 음악 등 다양한 분야에 대한 지식이 늘어날 때 희열을 느낀다. 또 다양한 현상에 대한 분석과 추론 또한 즐긴다. 그래서 이들이라면 폭넓은 조사와 취재를 통해 허영만, 윤태호, 우라사와 나오키 작가처럼 누구보다 사실적이고 생생한 만화를 만들 것이며 다양한 장르를 소화하여 독자들을 흥분시키는 작가가 될 것이다.

나쁜 일이 있어도 금방 훌훌 털어버리는 긍정적인 분, 추천한다. 웹툰 작가는 필연적으로 실시간 평가를 받는다. 웹툰뿐만이 아니라 대중을 상대로 하는 음악, 영화, 드라마, 예능, 인터넷 방송인 모두 마찬가지이다. 응원도 많고 좋은 평가, 건강한 비판도 많지만, 소수의 악질적인 비난이 혓바늘처럼 신경 쓰이고 작가를 아프게 한다. 하지만 당신은 굳건한 마음을 가지고 있기에 그 어떤 비난의 칼날도 당신의 마음에 생채기 하나 내지 못할 것이다.

기분 좋았던 일, 나빴던 일, 슬펐던 일 다 담아두는 분, 추천한다. 자려고 눈을 감았는데 12년 전 겪었던 부끄러운 기억이 떠올라 이불을 발로 차는 사람이 있다. 이들은 친구나 가족들에게 "몇 년 전 일인데 그걸 아직 기억하고 있어?"라는 말을 듣곤 한다. 이들은 과거의 상황과 감정을 저장해뒀다가 생생하게 재생해내는 능력이 뛰어나다. 대사를 쓰거나 연출을 할 때 내가 겪은 행복, 슬픔, 공포, 사랑 등의 감정들을 꺼내서 사용해보자. 인간적이고 섬세하고 풍부한 감성을 가진 작품이 나올 것이다.

겉으로 내색은 안 하지만 속은 꼬인 사람, 추천한다. 남들은 신경 쓰지 않고 넘어가는 일인데 '쟤 왜 저러지?', '저거 은근히 기분 나쁜데?'라는 생각을 자주 하는 분들이 있다. 이런 분들은 세상을 바꾸는 웹툰 작가가 될 가능성이 크다. 당신은 예민하고 삐딱한 시선을 활용해 보통 사람들은 인지하지 못하는 사회적 부조리, 차별, 웃는 가면 뒤에 숨겨진 나쁜 마음 등을 포착해낸다. 이를 통해 인종, 성별, 나이, 신분, 지역, 국가, 외모, 장애, 종교 차별 문제에 목소리를 내고 세상을 좀 더 나은 방향으로 이끄는 웹툰 작가가 될 것이다.

이쯤 되면 눈치챘겠지만, 모든 성격이 웹툰 작가에게 맞는 성격이다. 자신이 가진 성향과 성격을 웹툰 작가가 되는데 사용하면 된다. 일반인들은 단점이라고 생각하는 것조차 창작자에게는 장점이 될 수 있다. 봉준호 감독은 신경정신과 약을 먹을 정도로 불안 장애가 있지만, 이 불안 장애 때문에 누구보다 영화 속 불안감을 잘 활용할 수 있다고 말한다. 남들에게는 약점일 수도 있는 불안 장애를 활용해 서스펜스를 만들어내고 관객들을 조마조마하게 하는 것처럼 당신의 약점 또한 웹툰 제작에 훌륭한 무기가 될 수 있다.

45

그림 그리는 걸 좋아하고
꼭 잘 그려야 하나요?

나는 6~7살 때부터 그림 그리는 걸 좋아했다. 학창 시절 반에 한두 명씩 꼭 있는, 교과서 구석에 그림 그리고, 시험지에 낙서하고, 연습장에 만화 그리는 학생이었다. 하라는 공부는 안 하고 공책에 필기하는 척 수업 시간에 몰래 만화를 그릴 정도로 그림 그리는 걸 좋아했다.

이렇게 어렸을 적부터 그림 그리는 걸 좋아했음에도 그림 그리는 게 직업이 되면 그림 그리는 게 힘이 든다. 그리기 어려운 장면이 기다리고 있을 땐 두려운 감정이 들기도 한다. 좋아하는 걸 해도 힘들 때가 많은데 그림 그리는 걸 안 좋아하는 사람이 웹툰 작가를 한다는 건 상상하기 힘들다. 그림 실력과 상관없이 그림 작가나 그림 작가 지망생 대부분은 기본적으로 그림 그리는 걸 좋아하지 않을까 생각한다.

그림은 잘 그리면 좋다. 우리는 아름다운 것에 본능적으로 호감을 느끼기에 잘 그린 그림은 첫인상에서 높은 점수를 얻고 들어간다. 하지만 잘 그린 그림이라는 예선을 통과해도 이야기가 재미없으면 독자들은 외면한다. 결국, 잘 그린 그림보다 흥미롭게 잘 구성된 이야기가 웹툰에는 더 중요하다.

극단적으로 말하자면 그림을 아무리 못 그려도 이야기만 재미있으면 된다. 인터넷에 떠도는 그림판 만화를 재미있게 본 기억이 있을 것이다. 채색도 없고 선도 찌그러져 있고 졸라맨 수준으로 인체를 묘사하지만 묘하게 흡입력이 있다. 단순하다 못해 아이콘화된 그림은 오히려 주인공에게 몰입하고 이야기에 집중할 수 있게 해준다. 그만큼 웹툰에서 이야기는 그림보다 중요하다. 하지만 이런 그림판 그림체로 그림을 그린다면 스토리 작가로는 데뷔해도 글, 그림을 다 하는 웹툰 작가로 데뷔하기는 어려울 것이다. 물론 마사토끼, 엉덩국 작가와 같은 천재적인 예외는 있지만 말이다.

정리하자면 이야기를 전달하는데 충분할 정도만 그리면 된다. 게임 원화나 웹소설 표지를 그리는 일러스트레이터라면 보편적 의미의 그림 실력이 중요하다. 하지만 웹툰 작가는 이야기 전달이 우선이기 때문에 내 그림이 가독성 있는지, 내 그림이 작품 분위기와 잘 어울리는지가 더 중요하다.

주호민 작가⟨신과 함께⟩, 김용키 작가⟨타인은 지옥이다⟩, 이윤창 작가⟨좀비딸⟩, 배진수 작가⟨머니게임⟩, 모죠 작가⟨모죠의 일지⟩, 자까 작가⟨대학일기⟩, 조석 작가⟨마음의 소리⟩, 강풀 작가⟨순정만화⟩ 등의 작품을 보면 개성 강하고 매력 있는 그림체가 작품 분위기와 잘 어우러져 가독성과 재미를 극대화한다. 물론 ⟨재혼황후⟩, ⟨나 혼자만 레벨업⟩, ⟨싸움독학⟩, ⟨나빌레라⟩처럼 누가 봐도 그림도 화려하게 잘 그리고 가독성까지 좋은 작품도 많다.

Q6
웹툰 작가에게
상상력은 필수인가요?

상상력이 풍부하면 좋다. 하지만 본인에게 상상력이 부족하다고 생각된다면 취재를 통해 충분히 메꿀 수 있다.

내가 학원물 웹툰을 준비하기 위해 고등학생을 취재했을 때다. 요즘 고등학생들은 어떻게 연애하는지 물어보니 인스타그램 스토리에 '심심한데 나랑 이야기할 사람?'이라고 질문글을 올린 뒤, 답변한 사람 중에 평소 좋아하던 친구가 있으면 DM을 주고받는다고 했다. 이 얘기를 듣고 '나 혼자 상상했으면 몇 년을 고민해도 이런 에피소드 못 떠올렸겠다'라고 생각했다.

이 밖에도 정치 만화보다 현실 정치가 더 충격적이었다든지, 스포츠 만화의 주인공보다 더 놀라운 활약을 펼치는 운동선수라든지 만화의 상상력을 뛰어넘는 현실을 우리는 많이 목격한다. 현실 세계의 취재는 우리의 상상력보다 강력한 힘을 가지는 경우가 많다.

판타지 역시 마찬가지이다. 많은 판타지 만화 작가들과 지망생들이 북유럽 신화 등 여러 신화에서 모티프를 얻는다. 전 세계 전통의상과 소수민족 복식을 참고하거나 게임에서 아이디어를 얻기도 한다. 역사적 인물의 영웅적 서사에 판타지를 입히기도 하는 등 어느 장르보다 취재의 영역이 무궁무진하다.

상상력 보완 방법

나는 부족한 상상력을 보완하기 위해 취재라는 방법을 주로 사용하지만, 상상력 자체를 기르고 싶은 사람도 있을 것이다. 취재를 통해 상상력의 한계를 메꾸는 게 아닌 진짜 상상력을 키우고 싶은 분들을 위해 인지심리학자 김경일 교수의 강의를 참고해 직접 만든 '상상력 훈련 놀이'를 소개한다.

1. 우선 종이가방 2개와 메모지를 준비한다. 첫 번째 종이가방은 장르를 담을 가방이고, 두 번째 종이가방은 소재를 담을 가방이다.

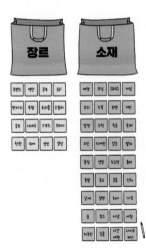

2. 메모지에 스토리의 장르를 적은 뒤 장르 종이가방에 넣는다. 메모지에 작품 소재를 적은 뒤 소재 종이가방에 넣는다. 소재는 많으면 많을수록 좋다. 100개가 넘어가도 상관없다. 생수 포장지, 발톱 깎기, S급 짝퉁 명품가방, 동물병원 영수증, 인생 네 컷 포즈 등 아무 단어나 막 넣을수록 좋다. 나의 전공이나 직업, 내가 자주 가는 곳, 자주 먹는 것, 자주 하는 것과 관련 없는 단어라면 더더욱 좋다.

3. 장르 가방에서 두 장, 소재 가방에서 두 장의 메모지를 뽑는다.

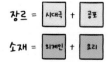

4. 뽑은 장르와 소재를 활용하여 로그라인을 작성해본다.

  ex) 장르 1 : 시대극(신라, 당나라)
  　　장르 2 : 공포(인간 사냥)

  　　소재 1 : 외계인
  　　소재 2 : 인육 요리

  당나라에 원군을 요청하기 위해 배를 타고 길을 떠났던 신라 화랑이 풍랑을 만나 무인도에 표류하게 되고 그 섬에서 인간을 사냥하고 요리해 먹는 외계인을 맞닥뜨리게 된다.

여러분은 아마 위의 예시보다 훨씬 좋은 로그라인이 나올 것이다. 상상력 훈련 놀이는 혼자 해도 괜찮고, 웹툰 작가 지망생들과 시간제한을 걸어놓고 게임처럼 해도 좋다. 인간은 낯선 경험을 강제로 할 때 창의성이 올라간다고 한다. 이 놀이를 통해 평소에 생각도 안 해봤던 장르를 다뤄보게 되고, 강제로 낯선 소재를 조합하게 된다. 이질적이고 어색한 장르와 소재를 연결하기 위해 뇌는 휴면 상태에 있던 창의력 담당 부위를 활성화할 것이고, 결과적으로 스스로 상상력을 키워 이 문제를 해결하려고 한 거이다

51

Q7
웹툰 작가로서 필요한 조건
혹은 자격증이 있나요?

웹툰 작가로서 특별히 요구되는 조건은 없다. 웹툰 작가라는 직업의 가장 큰 장점 같다. 누구나 할 수 있으며 나이, 전공, 학력 등 웹툰 작가가 되기 위한 그 어떠한 제한 사항도 없다.

자격증도 크게 중요하지 않다. 클립 스튜디오, 포토샵, 스케치업 등 웹툰 제작에 필요한 툴을 잘 다루는 게 더 중요하다. 특히 이 3가지 툴은 웹툰 제작에 가장 많이 사용되기 때문에 배워두면 무조건 좋다.

웹툰 제작 스튜디오 취업을 희망한다면 이력서에 자격증란을 채워 넣는 것보다 자신의 웹툰 제작 능력을 보여줄 수 있는 원고나 포트폴리오가 더 높게 평가된다. 자격증으로 실력을 판단할 순 없지만, 원고를 보면 그 사람의 실력을 대강 파악할 수 있다.

3 웹툰 작가의 꿈을 펼치는 플랫폼

Q1

우리나라에 얼마나 많은
웹툰 플랫폼이 있나요?

40여 개의 웹툰 플랫폼이 있고 크게 세 가지로 구분할 수 있다. ① 네이버, 카카오 등 포털에서 서비스하는 플랫폼, ② 탑툰, 투믹스, 레진코믹스 등의 웹툰 전문 플랫폼, ③ 딜리헙, 포스타입 등의 작가 중심의 독립 연재 플랫폼 등이다.

네이버, 카카오 웹툰의 경우 업계 최고 수준의 수익과 복지를 자랑하기에 많은 웹툰 작가 지망생들과 현업 작가들이 이곳 플랫폼 연재를 목표로 작품을 준비하고 있다. 하지만 작가나 작품의 성향에 따라 웹툰 전문 플랫폼이나 독립 연재 플랫폼을 선호하기도 한다.

Q2
성향별 추천하는
플랫폼이 있나요?

몇천, 몇만 건의 악성 댓글을 받고 정신과 치료를 받는 작가의 이야기를 접하며 '내 만화에도 안 좋은 댓글이 달리면 어쩌지?'라는 걱정이 든다. 이런 분들께 댓글 시스템이 없는 레진코믹스를 추천한다. 하지만 댓글 창이 없더라도 적극적으로 의견을 표현하시는 독자님이 작가의 SNS나 메일을 통해 감상평을 주기도 한다. 탑툰 같은 경우는 유료로 댓글을 달 수 있어 작가 응원, 후원의 느낌이 강하다. 하지만 유료 댓글임에도 적극적인 비판을 위해 돈을 내고 댓글을 다는 독자님들도 있다. 그래도 이들 플랫폼이 독자의 비판, 비난에 비교적 자유롭고 작가의 정신 건강을 지키는 데 유리하다.

BL, GL 작품을 준비 중인 경우에는 봄툰, 피너툰, 리디북스 등 BL, GL이 강세인 여성향 플랫폼을 추천한다. 이들 플랫폼에서도 좋은 BL, GL 작가들을 발굴하기 위해 노력하므로 네이버처럼 퀴어물을 많이 뽑지 않는 플랫폼이나 탑툰 같은 남성향 플랫폼보다는 위에 언급한 여성향 웹툰 플랫폼에 연재 문의를 하는 것이 데뷔 확률을 높일 수 있을 것이다. BL, GL은 장르의 특성상 팬의 충성도도 높고 성인물일 경우 유료 결제로도 잘 이어진다.

남성향 성인물, 무협물을 준비 중이라면 탑툰, 무툰을 추천한다. 탑툰 인기 성인 만화의 경우 네이버, 카카오 인기작 못지 않은 매출을 기록하는 것으로 알려져 있고 남성향 성인 만화의 특성상 유료 결제율이 다른 장르에 비해 높다. 무협, 액션 장르에 특화된 무툰은 경제적 여유가 있는 30~50대 남성을 대상으로 한 플랫폼이기 때문에 유료 결제율 또한 높다.

주간 연재가 두려운 경우 월간 연재가 있는 투믹스를 추천한다. 작가에게 주간 마감이라는 일정은 매우 고되고 부담스럽다. 그런 작가들을 위해 투믹스에는 월간 투믹스라는 코너가 있다. 하지만 국내 최고 수준의 그림을 보여주는 〈심해수〉, 〈무당〉 등 주요 작품의 면면을 보면 왜 월간 연재를 할 수밖에 없는지 알 수 있을 것이다. 네이버 웹툰에도 '매일+'라는 비정기 업데이트 카테고리가 있다.

플랫폼에 구속되지 않고 자유로운 연재를 하고 싶다면 딜리헙, 포스타입을 추천한다. 두 플랫폼 모두 계정을 만든 뒤 자유롭게 만화를 올릴 수 있는 일종의 웹툰 오픈마켓이다. 무료, 유료 회차 설정부터 연재 주기까지 작가 스스로 결정할 수 있다. 다만 원고료나 기본 급여체계가 없기에 독자가 유료 결제해주지 않는다면 수입을 얻기 힘들다. 작품 질이 낮고 플랫폼이 체계적이지 않을 거라고 생각될 수도 있지만, 대한민국 콘텐츠 대상 문체부 장관상을 받은 〈극락왕생〉, 웹툰 작가 지망생과 현직 작가까지 결제해서 보는 마사토끼 작가의 〈만화 스토리 메뉴얼〉 등 많은 양질의 만화가 오픈마켓 플랫폼에서 나오고 있다.

Q3
플랫폼 안에 얼마나 많은
웹툰 작가가 있나요?

2020년 '웹툰가이드'에서 발표한 자료에 따르면 8,588명의 작가가 1만 2,315종의 웹툰을 제작했다고 한다. 어시스턴트 등의 보조 작가와 팀 작업을 하는 스튜디오 직원까지 더한 다면 생각보다 많은 사람이 웹툰을 만들고 있다는 걸 알 수 있다.

Q4

웹툰 작가는
혼자 일하나요?

한국콘텐츠진흥원에서 발표한 '2021년 웹툰 작가 실태조사'
에 따르면 56.6%의 웹툰 작가가 어시스턴트와 함께 일한다
고 한다. 절반 이상이 협업하고 있는 셈이다. 하지만 집에서
혼자 작업해도 되는 직업의 특성상 연재가 끝날 때까지 어시
스턴트와 대면하지 않고 전화 또는 온라인으로만 소통하기도
한다.

특히 최근 웹소설을 웹툰화하는 이른바 '노블코믹스' 시장이
커지면서 스튜디오를 중심으로 하는 팀 작업이 늘어나고 있
다. 적어도 40여 곳 이상의 중대형 웹툰 제작 스튜디오가 있
고 어느 웹툰 스튜디오의 경우 PD, 보조 선화팀, 선화팀, 채
색팀, 밑 색 지원팀, 배경 작화팀, 배경 스케치업팀, 편집팀 등
으로 세분되어 100명에 가까운 직원들이 10개의 웹툰을 동
시 진행하고 있다. 해당 스튜디오에서 현재까지 진행된 웹툰
이 400편이 넘어간다고 하니 나중에는 팀 작업이 웹툰 제작
의 기본 형태가 될지도 모르는 일이다.

Q5
팀 작업을 할 경우
업무는 어떻게 나뉘나요?

팀 업무 분담은 스튜디오마다 다를 수 있으나 일반적으로 다음과 같이 나뉜다.

1. 스토리

웹툰의 스토리를 담당하며 글 작가라고도 한다. 글 작가라고 해서 스토리만 써서 그림 작가에게 넘기는 것이 아니라 콘티 형식으로 스토리와 함께 작품의 구도, 컷, 말풍선 위치, 효과음 등 이야기와 연출 전반을 그림 작가에게 전달한다.

2. 각색

웹소설 등의 원작이 있는 경우, 웹툰에 맞게 각색하는 역할을 맡는다. 초창기 노블코믹스의 경우, 웹소설을 고스란히 그림으로 옮기는 수준의 각색이 많아 팬들의 외면을 받곤 했다. 웹툰만의 연출과 표현을 살리며 원작 웹소설의 재미를 극대화해야 할 필요성이 높아졌고 그에 따라 각색의 역할이 중요해졌다. 최근 높아진 노블코믹스 흥행 적중률의 바탕에는 웹툰의 문법을 잘 살린 각색이 있다.

3. 선화(펜 선)

스케치와 스케치 위에 올라가는 펜 선을 담당한다. 설명은 간단하지만, 작업량이 많고 작품의 분위기를 담당하는 고되고 중요한 작업이다. 스튜디오에 따라 메인 작가는 머리를 그리고 보조 작가는 몸통을 그리는 등의 분업이 이루어지기도 한다.

4. 채색

완성된 펜 선에 색을 채워 넣는 작업으로 보통 밑 색과 명암으로 나누어진다. 펜 선 안에 깔끔하게 밑 색을 채워 넣은 뒤, 입체감을 주기 위해 그림자와 하이라이트를 넣는다. 명암은 단순히 밝고 어두움을 표현하는 것을 넘어 캐릭터의 감정을 표현하는 도구로도 사용된다. 펜 선과 마찬가지로 채색 또한 작품 분위기에 영향을 끼친다.

5. 배경

자연이나 건물 내외부 공간을 배치하는 작업이다. 공간은 세계관과도 연결되어 있다. 학교, 궁궐, 성, 폐허 등의 배경만 봐도 작품의 장르나 분위기를 유추할 수 있다. 과거에는 일일이 배경을 그렸지만, 현재는 스케치업을 통한 3D 모델링으로 배경을 작업하는 경우가 많다.

6. 식자

말풍선에 대사를 넣거나 내레이션, 효과음 등을 넣는 작업이다. 독자들은 웹툰을 읽을 때 그림보다는 글자를 따라 시선을 옮기기 때문에 글의 순서와 배치, 말풍선의 적절한 사용만으로도 이야기를 효과적으로 전달할 수 있다. 그림이 밋밋해도 글 연출이 잘 되면 재밌는 웹툰이 된다. 식자 작업을 할 때는 오타 수정과 해외 번역을 고려해 포토샵 PSD 파일로 작업하는 것이 좋다.

7. 편집

컷의 간격을 조정하고 컷의 크기를 줄이거나 키우는 작업을 한다. 컷 또한 연출의 일부이다. 컷과 컷 사이의 간격을 늘리면서 시간의 경과를 표현하기도 하고, 컷을 확대하여 극대화된 감정을 전달할 수도 있다.

웹툰 작가로 데뷔하기 위해
무엇을 준비해야 하나요?

무조건 원고와 기획안이다. 플랫폼마다 기준은 다르지만, 최소 3화에서 7화분의 원고와 플랫폼이 혹할만한 매력적인 기획안이 필요하다. 사람마다 다르지만, 나의 경우 원고를 먼저 만든 뒤 기획안을 작성한다.

원고를 만드는 동안 스토리를 쓸 때는 발견하지 못했던 세부적인 요소를 좀 더 잘 알게 된다. 글로만 존재했던 캐릭터가 어떤 버릇을 가졌는지 어떤 매력이 있는지 작품 분위기를 어떤 색감으로 전달하면 좋을지 구체화된다. 이런 세부적인 사항은 직접 만화를 그려야만 발견할 수 있으므로 나는 3화 분량의 원고를 먼저 만든 뒤 기획안을 작성하는 걸 선호한다. 물론 기획안을 먼저 쓴 뒤 원고를 만들어도 상관없다.

기획안은 완성된 원고를 호객하기 위한 마케팅 자료와도 같나. 애플이나 삼성의 신제품 프레젠테이션에 구매 욕구를 느껴 멀쩡한 전자제품을 교체하거나, 미식 프로그램의 음식 영상과 설명에 혹해 해당 음식을 먹어본 경험이 있을 것이다. 웹툰 기획안도 이런 신제품 광고나 미식 프로그램처럼 '이런 대단한 게 있는데 안 보고는 못 배길걸?'이라는 느낌을 줄 수 있어야 한다. 기획안이 형편없으면 원고를 확인하지 않는 플랫폼도 있으니 기획안의 중요성은 몇 번을 강조해도 지나치지 않는다.

기본적인 기획안 작성법

기획안 안에는 작가 정보와 함께 작품의 정보가 들어가야 한다. 각 정보의 작성 방법을 아래 표에 정리해보았다.

1. 작가 정보

작가명
(필명)
	자신의 이름과 필명을 함께 쓴다.
	
	ex)
	• 글, 그림 작가가 같을 경우
	  글 · 그림 마성영(마브로)
	• 글, 그림 작가가 다를 경우
	  글: 허난설헌(허니)
	  그림: 신윤복(복이)

전화번호	집 전화번호 말고 휴대 전화번호를 적는 것이 좋다. 그래야 중요한 전화나 문자를 언제든지 받을 수 있다.
e-mail	가장 자주 쓰는 메일 주소를 써야 한다. 플랫폼에서 연재하자고 메일이 왔는데 몇 달 뒤에 메일을 발견했다는 끔찍한 이야기가 종종 들려온다. 중요한 메일을 보낸 뒤에는 메일함을 자주 확인하자.
작가 경력	만화와 관련된 경력만 쓰자. 단 만화의 소재와 관련된 경력은 PD나 심사위원에게 전문성을 어필할 수 있다(예시로 나의 웹툰 중 〈촌스러운 디자인팀〉 연재 문의 당시 의류회사 디자이너 근무경력을 넣었다). 연재 경력이 없다면 만화용으로 잘 관리된 개인 블로그나 SNS 링크를 올려도 좋다. 또 만화 소재와 관련되어 있다면 만화 계정이 아니어도 상관없다(변호사 소재의 만화를 그리는 작가가 운영하는 법률상담 블로그 등). 이밖에 진짜 쓸 경력이 없으면 '해당 사항 없음' 또는 '경력 없음'이라고 적으면 된다.

2. 작품 정보

작품명	작품 제목을 정할 땐 내용과 관련이 있는 게 좋다. 제목이 〈연애혁명〉인데 공포물이라거나 〈재혼황후〉인데 야구 만화면 곤란하다. 제목과 작품 분위기가 어느 정도 맞아야 한다.
장르	작품 장르를 꼭 하나만 쓸 필요는 없다. 인류 최초 화성 탐사선에 좀비 바이러스가 퍼지는 이야기라면 'SF', '공포', '스릴러'라고 쓰면 된다.
타깃 독자층	작품에 따른 예상 독자층을 써야 한다. 고등학교를 배경으로 한 여성 주인공의 삼각관계 로맨스물이라면 독자층은 10대 여성일 확률이 높을 것이다.
기획 의도	작품을 통해 말하고자 하는 바를 설명해야 한다. ex) 제도적 지원을 받지 못하는 한부모 가정의 이야기를 세상에 준비 없이 내던져진 어린 엄마의 눈을 통해 담아냈습니다. 실제 인물을 모델로 하여 한부모 가정의 현실을 건조하게 담아내고자 했습니다. 위의 예시는 실제 나의 웹툰 〈너를 낳지 않았어야〉의 기획 의도로 작성한 것으로 '2021년 다양성 만화지원사업'에 선정된 바 있다. 작가의 기획 의도를 통해 PD나 심사위원은 이 만화가 한부모 가정을 소재로 한 다소 무거운 분위기의 현실적인 만화라는 것을 알 수 있었을 것이다.
작품 요약 (로그라인)	작품의 핵심적인 내용을 1~3줄의 한 문장으로 요약해 쓴다. 로그라인에는 주인공의 성격, 추구하는 목표, 핵심 사건, 적대자, 극복해야 하는 장애물, 결말 등이 들어가야 한다. 여기에 더해서 내 웹툰이라는 상품의 장점(Selling point)도 넣어야 하는 까다로운 작업이다. '어떻게 이걸 한 문장에 욱여넣으라는 거지?'라는 생각이 들지만 재미있는 작품은 의외로 한 문장으로 요약할 수 있다. 다른 작가의 웹툰 로그라인을 쓰게 되면 웹툰 결말이 공개되기에 나의 데뷔 웹툰 〈촌스러운 디자인팀〉과 함께 동화, 영화의 로그라인을 예시로 들면 다음과 같다.

ex)
패션 감각은 없지만, 손재주가 뛰어난 '옥달님'과 패션 감각은
뛰어나지만, 손재주가 없는 '우주주'가 힘을 합쳐 악덕 사장이
경영하는 패션 회사를 무너뜨리고 새로운 회사를 설립한다.
-웹툰 〈촌스러운 디자인팀〉-

어린 나이에 부모님을 잃고 계모와 언니들에게 학대당하던 '신
데렐라'가 요정의 도움으로 드레스에 유리구두를 신고 파티에
참석해 왕자를 만나 결혼하고 행복하게 살게 된다.
-동화 〈신데렐라〉-

마녀의 저주를 받아 흉악한 야수의 모습을 하게 된 왕자가 '벨'
이라는 여인을 만나 진정한 사랑을 하고 마녀의 저주가 풀리게
된다.
-영화 〈미녀와 야수〉-

공룡을 되살린 테마파크 '쥬라기 공원'의 안전 진단을 위해 파견
된 전문가가 안전 시스템이 무너진 테마파크에서 공룡을 피해
살아남는 이야기.
-영화 〈쥬라기 공원〉-

위의 예시가 완벽한 로그라인이라고 볼 순 없겠지만 앞서 들어
가야 한다고 말한 주인공의 성격, 추구하는 목표, 핵심 사건, 적
대자, 극복해야 하는 장애물, 결말 등을 넣기 위해 노력했다.

블레이크 스나이더의 영화 시나리오 작법서 〈SAVE THE CAT!〉
에서는 좋은 영화 시나리오를 쓰고 싶다면 우선 작품의 로그라
인을 작성한 뒤 여러 사람에게 들려주라고 조언한다. 사람들의
반응을 살피며 로그라인을 수정하고 발전시키다 보면 작품의 아
이러니, 갈등, 핵심 사건, 주제가 명확해지고 최초의 구상보다
훨씬 나은 이야기가 나온다는 것이다. 이 과정을 통해 로그라인
뿐만 아니라 이후 시나리오 작업 또한 수월해진다고 한다.

로그라인은 레스토랑의 메뉴 설명과도 같다. '진하고 풍부한 육
즙의 안심 스테이크를 고소하고 은은한 단맛이 느껴지는 부드러
운 감자 퓌레와 함께 즐길 수 있는 메뉴'라는 설명만 들어도 맛
과 식감, 비주얼이 상상 가고 한번 맛보고 싶다는 생각이 든다.
로그라인으로 PD나 심사위원을 매혹할 수 있다면 그들은 기획
서를 대충 넘겨보지 않고 시놉시스와 원고까지 꼼꼼히 챙겨보게
될 것이다.

시놉시스	결말을 포함한 만화 전체를 요약한 줄거리를 말한다. 시놉시스 안에는 전체 줄거리 외에도 작품의 주제, 기획 의도, 등장인물이 들어가야 한다. A4 용지 절반 정도 분량이 적당하다. 영화나 드라마에서 잘 쓴 시놉시스는 전체 시나리오를 보지 않고도 투자나 계약, 캐스팅이 이루어질 정도로 중요한 역할을 한다. 웹툰 시놉시스 또한 마찬가지다. 네이버 영화, 다음 영화 등의 포털 사이트 영화 소개글이나 방송국 홈페이지의 드라마 소개 글을 참고하면 좋다. 단 웹툰 시놉시스는 PD나 심사위원에게 보여주기 위한 글이기 때문에 뒷부분이 궁금할 때쯤 끊는 게 아니라 기승전결에 맞춰 결말까지 작성해야 한다.
총 회차	완결 예상 분량을 적는다. 총 회차를 안다는 건 작가가 자기 작품을 완벽히 파악하고 있다고 느끼게 한다. 총 60화라고 하면 플랫폼 측에서도 '1년 정도 연재하겠구나' 하고 예상할 수 있다. 그렇다고 터무니없이 100화씩 총 3부작 6년간의 대서사시를 쓰겠다고 하면 플랫폼 측에서 부담스러울 수 있다. 회별 줄거리를 작성해보고 현실적인 예상 분량을 써야 한다.
회별 줄거리 (트리트먼트)	회별 주요 사건을 간략하게 쓰면 된다. 기승전결로 나눠 써도 되고 핵심 사건을 요약해도 좋다.

캐릭터 소개	그림과 함께 캐릭터를 소개한다. 그림은 캐릭터의 전신을 그리는 게 좋다. 얼굴을 강조하고 싶다면 전신 옆에 얼굴을 확대해서 따로 넣는 게 좋으며, 차렷 자세로 서 있는 것보다는 캐릭터의 성격이 느껴지게 캐릭터마다 다양한 자세를 취하는 게 좋다.
	
	ex)
	• 캐릭터 설명에 들어가야 할 사항
	  – 캐릭터의 욕망(목표)
	  – 캐릭터 욕망의 좌절(실패)
	  – 캐릭터의 뒷이야기
	  – 캐릭터를 상징하는 한 문장이나 대사
	
	• 캐릭터는 반전 매력이 있으면 좋다.
	  – 새끼 고양이를 좋아하는 마동석
	  – 홍어삼합에 환장하는 유럽 왕자
	  – 영감처럼 말하고 행동하는 유치원생
	  – 개냥이, 도도한 강아지

"전 그저
웹툰 작가가 되고 싶은
외계인일 뿐입니다."

외계인
안드로메다은하에서 온 렙틸리언.
웹툰 작가가 되어
인간 속에서 살아가기 위해
무명 웹툰 작가 마브로를 납치해
웹툰 작가에 도전하게 된다.

#야심가 #유교 외계인 #근력운동 애호가
#신체 변형 가능

"웹툰을 알려드릴 테니
목숨만 살려주세요."

마브로
가난한 무명 웹툰 작가.
외계인에게 납치당해
웹툰 만드는 법을 알려주고 있다.
웹툰 교육을 빌미로 권력의 주도권을
가져오려고 했지만, 육체적인 면은 물론
웹툰 실력까지 외계인에게
상대가 되지 않는다.

#신인작가 #무명작가 #강약약강
#겉은 소심 #속은 꼬임

웹툰

그리는 법

1. 콘티

글 · 그림을 병행하는 작가라면 자신만
알아볼 수 있을 정도로 대충 그리면 된다.
본인이 글 작가라면 그림 작가가 쉽게
이해할 수 있도록 작성해야 한다.
나의 경우, 콘티를 만들 때 대사와
말풍선을 함께 작업한다.

2. 스케치

펜 선 들어가기 전 밑그림 단계.
작가에 따라 2~3단계에 걸쳐
스케치하거나(구도나 뼈대 스케치 후
구체적 스케치를 하는 경우),
스케치하지 않고 바로 펜 선 작업에
들어가기도 한다.

3. 펜 선

스케치 위에 깔끔하게 정리된 선화를
그리는 작업. 단순 노동 작업이기 때문에
나의 경우 유튜브나 영화, 드라마를
틀어놓고 작업을 한다.

4. 밑 색

완성된 펜 선 안에 색을 채워 넣는 작업.
이 작업 또한 단순 노동이라 다양한
콘텐츠를 보고 들으며 작업한다.

5. 명암

밑 색에 하이라이트와 그림자를 넣는
작업. 나의 경우 밝은 부분, 어두운 부분
두 단계의 명암만 들어가지만, 작가에
따라 명암이 5~6단계가 들어가기도
한다.

6. 배경 및 효과

배경이나 집중선, 효과음 등을
넣는 마무리 과정.
더 좋은 대사가 떠오르면
수정하기도 한다.

I am a webtoon artist

Part 2 웹툰 작가, 꿈을 펼치다

1 인기 웹툰 작가가 되기까지

납치 석 달 후

파일 변환하고

컨트롤 + S 눌러서 저장하면

웹툰 3화 만들기 대성공!

마브로 씨 고마워요! 덕분에 완성할 수 있었어요!

제가 뭐 한 게 있나요? 외계인 님이 다 하신 거죠.

이제 전 뭘 해야 하죠?

어디~ 보자~

지금이 5월이니까 네*버 '지상최대공모전' 준비하면 되겠네요.

네*버 지상최대
공모전이요?

네*버 작가 되고
싶으시다면서요?

네….

그러면
지금부터
준비해야죠!

빙

마브로 씨….
저 방금 원고
마감 했는데….

야.
외계인.

네*버가
장난이야?!

날 납치하던 기백은
안드로메다에 두고 왔어?!

나쁘지 않네.
제출하도록!

꺅~
감사해요!
너무 기뻐요!

제출
안 하고
뭐해?

아…
그게….

우주선에
인터넷이 안 돼서
그러는데

핫스팟 좀
연결해주실 수
있나요?

하아…. 비번
mabro3965

헤헤
감사합니당~

77

웹툰 작가가 되는 방법은
무엇인가요?

웹툰 작가 지망생들이 가장 많이 시도하는 방법은 플랫폼 사이트 내 도전만화 등의 게시판에 만화를 올리고 플랫폼의 선택을 받길 기다리는 것이다. 하지만 웹툰 작가가 빨리 되고 싶다면 여러 방법을 동시에 쓰는 것이 좋다.

나 역시 여러 방법을 활용한 덕분에 예상보다 빠르게 웹툰 작가로서 데뷔할 수 있었다. 나의 경우 매년 초 실시하는 한국만화영상진흥원 지원사업에 선정되어 지원금을 받으며 〈촌스러운 디자인팀〉 3화분을 제작할 수 있었다. 완성된 3화로 네이버 웹툰에서 주최하는 '네이버지상최대공모전'에 지원했고 결과는 탈락이었다. 그러나 포기하지 않고 다시 원고를 7화까지 제작하여 네이버 도전만화, 다음 웹툰 리그에 업로드했으며 30여 곳의 웹툰 플랫폼, 에이전시에 연재를 문의했다. 결국 에이전시 누룩미디어에서 연락을 받아 '케이툰' 플랫폼에 연재할 수 있게 되었다.

이처럼 첫 번째 방법에 실패했지만 즉시 다른 방법으로 2차, 3차 도전한 덕분에 기획한 지 1년 만에 연재할 수 있었다. 2021년 한국콘텐츠진흥원에서 실시한 '웹툰 사업체 실태보고서'에 따르면 웹툰 사업 추진 시 겪는 어려움 1위를 '신규 작가 작품 발굴 어려움58.2%'이라고 답했다. 플랫폼에서는 항상 신인 작가를 원하고 있으니 뽑아줄 때까지 기다리지 말고 우리가 직접 적극적으로 두드려야 한다.

웹툰 작가가 되려면
꼭 관련 학과에 진학해야 하나요?

관련 학과를 진학하는 게 유리하다. 네이버 웹툰 '네이버지상 최대공모전' 등 다양한 공모전에 뽑히는 상당수 당선자가 관련 학과를 진학한 학생들이다. 공모전 대상을 포함해 전체 당선자 절반 이상이 관련 학과 학생인 경우도 있다.

관련 학과에 진학한 이들이 유리한 이유는 크게 다섯 가지가 있다. 첫째, 전·현직 작가 출신의 교수진이 웹툰의 기초부터 심화까지 알려준다. 둘째, 교수진, 선배, 동기들에게 최신 웹툰 정보, 공모전 정보를 얻을 수 있다. 셋째, 과제를 통해 강제로 여러 웹툰 원고를 만들게 된다. 넷째, 교수, 동기 등 피드백해 줄 사람이 많다. 다섯째, 동기들끼리 경쟁하며 성장할 수 있다.

반대로 비전공자라서 유리한 점도 있다. 사회생활 등 다양한 경험이 녹아있는 작품을 만들 수 있다. 강풀 작가는 국어국문학과를 졸업했고 기안84 작가는 서양화과를 졸업했다. 232 작가는 대학을 진학하지 않은 것으로 알려졌지만, 모두 대한민국 최고의 웹툰 작가로서 인정받고 있다.

예시로 나의 작품 〈촌스러운 디자인팀〉은 중소기업 의류회사에서 벌어지는 갑질과 부조리를 소재로 한 웹툰으로 만화 관련 전공자가 취재하기란 쉽지 않은 소재이다. 나는 의류업체 디자이너로 근무한 경험이 있어서 별도의 취재 없이 중소기업 패션 디자이너의 업무, 회사의 내부 부조리, 갑질 등을 그려낼 수 있었다. 더 좋은 예로 장봉수 작가의 〈내과 박원장〉 작품은 실제 18년 차 현직 의사가 그려내 기존 의학 드라마나 영화보다 현실적이고 재미 또한 놓치지 않았다는 평가를 받고 있다.

• 의류업체 디자이너로 근무한 경험을 살려 〈촌스러운 디자인팀〉을 만들 수 있었다.

웹툰 작가와 관련된 학과는
무엇인가요?

전국 약 50여 개의 대학에 웹툰 학과, 웹툰 만화 콘텐츠 학과 등의 웹툰 관련 학과가 개설되어 있으며, 국내 만화 관련 대학 현황은 다음과 같다. 단, 관련 학과를 지원할 때 반드시 해당 대학 학과의 교육 과정을 확인해야 한다. 웹툰 관련 수업이 진행되는 애니메이션과도 있지만, 그렇지 않은 과도 있기 때문이다. '애니메이션도 웹툰이랑 비슷하겠지?'라고 생각해서 애니메이션과를 들어간다면 4년 동안 웹툰과 전혀 다른 학문을 배우다 졸업하게 될 수도 있으니 꼼꼼히 확인해보길 바란다.

학교	학과
건국대학교/글로컬캠퍼스	시각영상디자인학과, 미디어콘텐츠학과
경기대학교	애니메이션학과
경기과학기술대학교	웹툰일러스트학과
경성대학교	영상애니메이션학부 애니메이션학전공
경일대학교	만화애니메이션학과
계명대학교	영상애니메이션과
계명문화대학교	영상 · 웹툰 · 애니메이션학부
계원예술대학교	미디어앤테크놀로지계열 애니메이션전공

공주대학교	만화애니메이션학부 카툰코믹스전공, 애니메이션전공
극동대학교	만화애니메이션학과
대구대학교	융합예술학부 영상애니메이션디자인학전공
대구예술대학교	영상애니메이션전공, 디지털게임웹툰전공
대전대학교	영상애니메이션학과
대진대학교	미술만화게임학부 만화게임그래픽전공
동서대학교	영상애니메이션학과, 웹툰학과
목원대학교	만화애니메이션과
부산대학교	디자인학부 애니메이션전공
부천대학교	공학계열 영상&게임콘텐츠과
배재대학교	아트앤웹툰학과 회화 · 웹툰전공
백석대학교	디자인영상학부 영상애니메이션전공
백석문화대학교	만화애니메이션학부 만화전공, 애니메이션전공
백석예술대학교	영상학부 만화애니메이션전공
상명대학교	SW융합학부 애니메이션전공 /예술학부 디지털만화영상전공
상지대학교	만화애니메이션학과
서원대학교	웹툰콘텐츠학과
서일대학교	웹툰스토레텔링학과
세명대학교	영화웹툰애니메이션학과
세종대학교	창의소프트학부 만화애니메이션텍전공
세한대학교	만화애니메이션학과
수성대학교	웹툰스토리과
순천대학교	만화애니메이션학과
순천향대학교	디지털애니메이션학과
신안산대학교	웹툰출판미디어과
연성대학교	웹툰만화콘텐츠과
영남이공대학교	웹툰과
영산대학교	디자인학부 만화애니메이션전공

영진전문대	만화에니메이션학과
예원예술대학교	디지털콘텐츠학부 만화게임영상전공, 애니메이션전공
유한대학교	콘텐츠디자인학부 애니메이션영상학과
인덕대학교	방송문화콘텐츠학부 웹툰만화창작학과
조선대학교	만화애니메이션학과
중부대학교	문화콘텐츠학부 만화애니메이션학전공
중앙대학교	글로벌예술학부 게임콘텐츠·애니메이션전공
청강문화산업대학교	만화콘텐츠스쿨 웹툰만화만화콘텐츠전공 / 애니메이션스쿨 애니메이션전공
청주대학교	디자인조형학부 만화애니메이션전공
한국영상대학교	만화콘텐츠과
한국예술종합학교	애니메이션과
한서대학교(서산캠퍼스)	영상애니메이션학과
한성대학교	ICT디자인학부 영상·애니메이션 디자인트랙
호남대학교	만화애니메이션학과
호서대학교	게임애니메이션융합학부 애니메이션트랙
홍익대학교	영상애니메이션학부 애니메이션전공

Q4
학원 및 관련 강의만 들어도
충분한가요?

모두에게 적용될 순 없겠지만, 대체로 학원 및 관련 강의는 혼자 하면 오래 걸리는 것들을 빨리 깨달을 수 있게 도와준다. 나는 무료로 국비 지원 웹툰 교육과 한국만화영상진흥원에서 주최하는 'K-comics LAB'이라는 웹툰 작가 데뷔반 수업을 듣고 실무를 파악하는 데 많은 도움을 받았다.

집 근처에 국비 지원 웹툰 교육기관이 없다면 웹툰 전문학원이나 클래스 101, 콜로소 온라인 클래스 플랫폼 등의 온라인 교육을 통해 유료로 웹툰을 배울 수도 있다.

Q5
독학으로 웹툰 작가가
될 수도 있나요?

웹툰 제작을 알려주는 유튜브나 웹 사이트 등을 활용한다면 학원을 가지 않고도 웹툰을 배울 수 있다. 클립 스튜디오 등의 툴을 가지고 노는 것을 좋아하고 모르는 것이 생겼을 때 스스로 해결하려는 성향이 강한 사람 또한, 충분히 독학으로 웹툰 작가가 될 수 있다고 생각한다.

실제로도 여러 작가가 독학으로 데뷔했다. 독학으로 데뷔한 한 동료 작가는 "독학은 무수한 실패를 경험하게 하지만 대신 실패를 통해 배운 지식은 고스란히 내 것이 된다. 그래서 독학으로 웹툰을 배운 것을 다행으로 여긴다"라고 말한다.

종합해보자면 관련 학과를 졸업하는 것이 가장 체계적이고 전문적이지만 학원이나 독학 또한 각각의 장점이 있다는 걸 알 수 있다. 자신의 상황이나 성향에 맞게 웹툰 작가로 가는 경로를 선택하면 된다. 내비게이션을 찍고 가든 지도를 보고 가든 감각에 의지해서 가든 목적지에 잘 도착하기만 하면 그만이다.

Q6
웹툰 아이디어는
어디에서 얻나요?

모든 것에서 아이디어를 얻는다. 만화, TV, 페이스북 · 유튜브 · 인스타그램 등의 SNS, 영화, 뉴스, 친구들 모임, 현재 경험, 과거 경험, 주변 사람이 한 이야기 등 내가 듣고 경험하는 모든 것이 언제 어떻게 웹툰 소재가 될지 모르기 때문에 일단 메모하고 스크랩해둔다. 아이디어가 떠오르면 바로 메모하는데, 재미있는 꿈을 꾸었을 때도 비몽사몽한 상태로 일어나 메모한다. 안 쓰는 아이디어가 99%일지라도 일단 메모한다.

개인적으로 온라인 카페를 만들어 메모를 정리하고 있다. 아이디어 메모 게시물을 올린 뒤 아이디어가 떠오를 때마다 댓글로 추가한다. 모바일 메모 앱이나 블로그, 네이버 밴드, 네이버 메모 등 어떤 걸 사용해도 좋다. 언제 어디서든 빠르고 간편하게 메모하고 확인할 수 있으면 된다. 펜과 종이를 늘 지니고 다니며 휴대전화보다 자주 사용한다면 수첩이나 메모지에 메모해도 상관없다.

여러 도구 중에서 온라인 카페를 이용하는 이유는 아이디어 메모 외에도 웹툰 작업 관련 다양한 용도로 활용하기 좋아서다. 회별 스토리, 사회, 문화 트렌드 자료, 연재 중인 만화 관

런 자료, 만화 관련 공부 정리, 작업 편하게 하는 법 등을 폴
더별로 정리해두면 인터넷 접속이 가능한 환경이면 언제든지
확인할 수 있다는 장점이 있다.

Q7
웹툰 스토리는
어떻게 구상하나요?

웹툰 스토리를 구상하는 방법은 작가마다 다르지만, 나의 경우 4가지 방법으로 그때그때 다르게 구상하고 있다.

첫째는 '경험'을 토대로 구상하는 방법이다. 나의 웹툰 〈절교여행〉을 예로 들면 웹툰을 배우고 처음 만화를 만들려니 스토리에 자신이 없었다. 그래서 내 경험 중에 특별한 것이 있는지 찾기 시작했고 친구와 간 동유럽 여행이 평범한 내 인생에서 그나마 독특한 경험이라고 생각해 동유럽 여행을 소재로 정했다. 그리고 나와 친구의 성향을 극단적으로 과장한 캐릭터 '단다비'와 '기주희'를 만들었고 이 캐릭터들의 여정을 만화로 만들었다.

둘째는 '경험'과 '장르'를 결합해 구상하는 방법이다. 나의 데뷔작 〈촌스러운 디자인팀〉을 예로 들면 〈절교여행〉이 정식 연재에 실패한 뒤 학원 선생님께서 비활성 장르인 여행 만화보다는 대중적인 장르인 로맨틱 코미디를 하는 것이 어떻겠냐고 조언해주셨다. 그리고 웹툰 소재로 6년간의 근무 경험이 쌓인 의류 디자이너 생활을 소재로 활용하면 어떨지도 제안해주셨다. 선생님의 조언대로 의류 디자이너 시절의 경험을 소재로 한 로맨틱 코미디 웹툰 〈촌스러운 디자인팀〉을 만들어 웹툰 작가로 데뷔할 수 있었다.

셋째는 '취재'를 토대로 구상하는 방법이다. 2021년 한국만화영상진흥원 다양성 만화 지원사업에 선정되었던 나의 만화 〈너를 낳지 않았어야〉의 경우 한 부모 가정을 취재한 뒤 취재 내용을 바탕으로 이야기를 구성했다. 2022년 다양성 만화 지원사업에 선정된 〈미용실 스태프〉 역시 미용사 지인을 취재해 이야기를 만들었다.

넷째는 '취재'에 '장르'를 결합해 구상하는 방법이다. 2021년 한국만화영상진흥원 창작 초기 단계 지원사업에 선정되었던 〈고등세계〉의 경우 학원 액션물을 기획하고 고등학생을 취재한 뒤 구체화했다.

위에서 말한 방법을 활용해 대략적인 구상이 끝났다면 구상한 바를 가볍게 써본다. 그리고 주변 사람들에게 이런 만화를 만들 거라고 스토리를 들려준다. 주변 사람에게 브리핑하면서 부끄러웠던 부분캐릭터, 연출, 개연성, 세계관 등을 보완해 스토리를 다시 쓰며 완성도를 높여간다.

1. '경험'을 토대로 구상하는 방법

친구와의 동유럽 여행 경험을 바탕으로 〈절교여행〉을 구상했다.

2. '경험'과 '장르'를 결합해 구상하는 방법

6년간의 의류 디자이너 경험과 대중적 장르인 로맨틱 코미디를 결합해
〈촌스러운 디자인팀〉을 구상했다.

3. '취재'를 토대로 구상하는 방법

〈너를 낳지 않았어야〉는 한부모 가정을 취재한 뒤 구상한 만화이다.

〈미용실 스태프〉 또한 미용사 시민을 취재해 이야기를 구상했다.

93

4. '취재'에 '장르'를 결합해 구상하는 방법

〈고등세계〉는 학원 액션물을 기획한 뒤 고등학생들을 취재해 구체화했다.

구체적인 스토리 구성법

스토리를 쓸 때는 대사나 지문을 꼼꼼하게 쓸 필요
는 없다. 간단하게 쓰면 된다. 대강의 전체 줄거리
를 써도 되고 회별 에피소드를 간결하게 써도 된다.

나는 한 화당 4개의 이야기 묶음을 2~5줄로 요약하여 회
별 에피소드를 작성하고 있다. 아래의 예시와 같은 방식으
로 간략하게 작성하면 된다. 이야기 묶음(시퀀스)이 4개가
있는 이유는 독자들이 웹툰 한 편을 볼 때 최소 4개의 시퀀
스가 있어야 분량이 적당하다고 느끼기 때문이다.

스토리 구성 예시

〈과민 대장 장예민(가제)〉 1화

1.
과민 대장 증후군이 있는 장예민이 대학교에 입학했다.
긴장하거나 새로운 환경에서 장이 예민해지는 예민에게
입학 첫날의 대학교는 매우 위험한 환경이다.

2.
신입생 오리엔테이션을 위해 모인 강의실에서 예민은 이상형을 발견한다.
첫눈에 사랑에 빠진 예민은 그 순간만큼은 과민성 대장 걱정도 잊게 된다.

3.

다행히 첫날을 무사히 넘긴 예민은 서둘러 집에 가려고 하지만
오리엔테이션에서 친해진 동기가 한잔하자며 사람을 모으기 시작했다.
예민은 거절하고 집에 가려고 했지만, 이상형도 참석한다는 이야기를 듣고
예민은 술자리에 합류하기로 한다.

4.

떨려서 이상형에게 말 한번 걸지 못한 예민은 술만 계속 들이켰다.
성과 없이 술자리가 끝나고 집으로 가던 광역 버스에서 신호가 온 예민.
식은땀을 흘리며 기사님에게 다가가 차를 세워달라고 소리 지르는데
맨 앞자리에서 놀란 눈으로 예민을 쳐다보는 이상형을 발견하고
그만 괄약근에 힘이 풀려버리는데….

위에 예를 든 회별 에피소드를 1화부터 마지막 화까지 반
드시 써야 하는 건 아니다. 하지만 최종화까지 스토리를
써놓으면 소위 말해 떡밥을 뿌리거나 사건을 재배치하기
좋고 결말까지 써놨다는 생각에 심리적으로 든든하다.
더 좋은 아이디어가 떠올랐을 때 수정하기도 편하다.

이야기의 뒷부분을 모르면 떡밥을 뿌릴 수도 없고,
마감을 맞춰야 한다는 초조한 마음 때문에 더 좋은
아이디어로 수정할 여유도 없다. 물론 매주 즉흥적으
로 스토리를 짜면서도 구성이 탄탄하고 명작을 만드
는 작가들도 많다.

Q8
웹툰 연재일은
작가가 정하나요?

웹툰 연재가 확정되었다면, 연재일은 연재처와 협의 후 결정한다. 보통 플랫폼에서 정한 대략적인 연재 예정일을 작가에게 알려주고 플랫폼과 작가가 협의하여 세부적인 일정을 조율한다.

과거 나는 빨리 웹툰 작가로서 데뷔하고 싶었던 마음이 컸던 탓에 세이브 원고 없이 연재를 시작해서 연재 내내 마감의 압박에 시달렸다. 만약 여러분들이 웹툰을 연재하게 된다면 최대한 연재일을 미루면서 세이브 원고를 마련해 놓은 뒤 연재를 시작하길 바란다. 단, 공모전 당선작의 경우 '당선 후 1년 안에 연재'와 같은 계약 사항이 있는 경우도 많다.

어찌 되었든 연재일을 정하는 단계까지 오게 되었다면 연재가 임박했다는 의미이다. 이때부터 설레고 행복하고 초조하고 두렵기도 하고 마감이 교차하게 된다.

97

Q9
출판, 광고, 영화 작업 등
협업하는 예도 있나요?

여러 매체가 그렇듯 웹툰 역시 협업을 떼어 놓고 생각할 수 없다. 애니메이션〈신의 탑〉, 〈갓 오브 하이스쿨〉, 게임〈마음의 소리〉, 〈덴마〉, 드라마〈유미의 세포들〉, 〈이태원 클라쓰〉, 영화〈신과 함께〉, 〈내부자들〉, 넷플릭스 시리즈〈지옥〉, 〈지금 우리 학교는〉, 예능 프로그램〈머니게임〉, 웹소설〈나 혼자만 레벨업〉, 〈재혼황후〉 등 다양한 매체와 협업하며 공생적 관계를 이어가고 있다.

웹툰이 이렇게 여러 방면에서 협업하는 이유는 실패의 위험이 적고 기존의 팬층을 끌어모을 수 있기 때문이다. 영화나 드라마 시장에서는 〈신과 함께〉, 〈이태원 클라쓰〉, 〈스위트홈〉, 〈지옥〉, 〈지금 우리 학교는〉, 〈DP〉 등 메가 히트작이 연이어 나오며 지속적인 관심이 이어지고 있다.

인기 웹소설은 무조건 노블코믹스Novel Comics로 웹툰화가 이루어진다고 봐도 무방할 정도이다. 노블코믹스는 원작 웹소설을 시각화웹툰화하는 미디어 믹스 콘텐츠이다. 성공적 사례 중하나인 웹소설 원작 웹툰〈전지적 독자 시점〉은 웹툰의 성공후 결말이 궁금해진 웹툰 독자들이 웹소설을 찾으면서 원작웹소설 매출이 다시 늘어났다.

네이버 웹툰 김준구 대표의 말에 따르면 〈전지적 독자 시점〉 웹툰 공개 후, 〈전지적 독자 시점〉 웹소설 한 달 매출이 16억 8천만 원에 이르렀고 현재 누적 매출 100억 원을 돌파했다고 한다. 게다가 웹툰이 현재 연재 중이므로 결말이 궁금한 독자 들은 웹툰이 완결되기 전까지 꾸준히 웹소설을 결제할 것으로 예상했다. 웹소설을 먼저 접한 독자들도 글로만 읽던 소설을 웹툰으로 시각화해주는 노블코믹스에 기꺼이 비용을 내고 있는데, 이처럼 서로 영향을 주며 막대한 매출을 가져다주기에 인기 웹소설의 웹툰화 작업은 더욱 늘어날 것이다.

이와 관련해서 김준구 대표는 '패키징 콘텐츠'라는 용어를 사용해 웹툰 협업 시장을 설명하고 있다. 패키징 콘텐츠란 웹소설→웹툰→영상화_{드라마, 영화}→게임 등 하나의 IP_{intellectual property rights, 지식재산권}로 여러 매체가 하나의 패키지 상품처럼 콘텐츠를 확장하는 것을 뜻한다. 웹툰은 인기 웹소설 원작이니 위험 부담이 적고 영화나 드라마 제작사 입장에서는 웹소설, 웹툰 모두 인기가 있었기 때문에 성공 확률이 높다고 판단할 수 있다. 드라마화, 영화화가 성공하면 원작 웹툰, 웹소설의 유료 결제 또한 늘어난다. 각각의 미디어에서는 실패의 위험이 적고 성공 가능성이 크기에 협업하지 않을 이유가 없다.

이 외에도 출판사와도 협업을 진행한다. 웹툰은 기본적으로 세로 스크롤로 소비하는 콘텐츠이고 연출 또한 세로 스크롤 방식에 최적화되어 모바일 환경으로 보는 것이 가장 가독성과 접근성이 좋다. 게다가 작품을 소장하고 싶다면 웹 결제를 통해 영구 소장도 가능하므로 〈미생〉, 〈신과 함께〉 같은 특별한 경우를 제외하면 종이책 판매가 크게 이루어지지 않는 것이 사실이다. 원고를 그대로 출간하면 되는 과거의 출판 만화와는 달리 웹툰의 출판은 종이책에 맞게 편집을 거쳐야 하는 번거로움이 있다. 음반 시장이 음원 스트리밍으로 재편되고 CD는 팬들이 소장하는 개념이듯 웹툰 또한 모바일로 소비하고 단행본은 팬심으로 소장하는 경향이 크다.

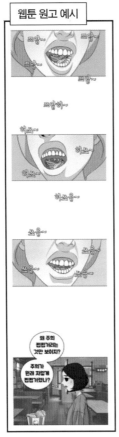

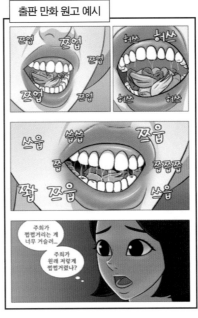

웹툰 원고에서는 컷 바깥에 있던 효과음, 말풍선 등이 출판 형식으로 편집되며 컷 안쪽으로 들어왔다.

이 외에도 한정된 지면 안에 컷을 해체하고 조합하는 과정에서 재작업 수준의 편집이 이루어진다.

또 광고사와도 협업을 진행하는 경우도 많다. 광고 웹툰을 전문적으로 하는 회사가 있을 정도로 광고 웹툰 시장은 활발하다. 특히 관공서나 기업의 서비스를 쉽게 홍보하고 설명하는 데 웹툰만큼 좋은 매체가 없다. 정부 기관, 기업 홍보 웹툰이 네이버 웹툰 같은 플랫폼에 연재되는 예도 있다. 야옹이 작가의 〈여신강림〉의 경우 드라마 PPL처럼 작품 속에 광고 제품을 노출하기도 한다. 이 외에도 〈유미의 세포들〉 와인, 〈복학왕〉 맥주 등 웹툰 인기 캐릭터를 모델로 사용하는 컬래버레이션 상품 발매도 활발하게 이루어지고 있다.

Q10
종이와 컴퓨터로
그림을 그리는 건 많이 다른가요?

매우 다르다. 나는 이제 디지털 작업에 익숙해져서 종이에 그림을 그리는 게 서툴다. 작업 시, 선도 삐뚤삐뚤하고 특히 무의식적으로 종이 위에서 Ctrl+Z 버튼을 누르는 나 자신을 발견하게 된다. 현대 문명을 누릴 수 있는 지금 시점에 웹툰 작가가 된 게 얼마나 다행인지 모른다. 하지만 〈덴마〉의 양영순 작가, 〈통〉의 백승훈 작가, 〈영원한 빛〉의 이상록 작가 등 여러 작가가 탄탄한 기본기와 뛰어난 드로잉 실력을 바탕으로 현재도 종이에 직접 스케치하는 방식으로 작업한다고 알려져 있다.

종이와 디지털 만화의 장단점을 꼽자면, 종이 만화의 장점은 수작업 특유의 펜 터치가 살아있다는 점이다. 그래서 클립 스튜디오나 포토샵 등의 디지털 작업 프로그램은 수작업 특유의 터치를 구현하기 위해 연구한다. 단점이라고 하면 작업물의 수정, 복사, 붙여넣기, 되돌리기 등의 기능이 없어 작업시간이 많이 소요된다는 점이다.

디지털 작업의 장점은 종이가 상한다거나 연필 지운 자국, 화이트 칠 자국을 걱정할 필요 없이 무한 수정이 가능하고 특히

워낙 작업 중 실수가 잦기에 내 키보드 Ctrl +Z 키는 구멍이 나 있다(물론 ㅋㅋㅋ을 많이 쳤기 때문일 수도 있다).

Ctrl+Z 키 터치 한 번으로 과거의 실수를 만회할 수 있다. 또 한 축소, 확대, 복사, 붙여넣기가 편리하고 스케치업 같은 3D 모델링 프로그램을 활용하여 배경을 작업하기도 쉽다. 단점 은 기술적인 문제로 작업 파일이 날아갈 수 있다는 점이다. 소설가 김영하 작가는 소설가의 가장 중요한 덕목은 백업이 라고 말했다. 웹툰도 마찬가지다. 수시로 백업해야 한다.

2 진짜 웹툰 작가가 되고 싶다면

지상최대공모전
결과 발표일

마브로 님
저 떨어지면
어떡하죠?

요놈
봐라?

마브로 니임?
마브로니이이임?

내가 뒤에
'작가님' 꼭
붙이라고 했지?

죄송합니다.
마브로
작가님.

됐고,
공모전은 좋은 경험
했다 치고

떨어졌다고
생각하는 게
마음 편해.

나도 떨어졌는데
네가 되겠니?

공지
확인해봐.

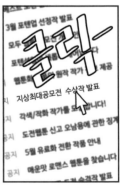

3월 포텐업 선정작 발표

모두...

포텐업...

웹툰화...원작 작가를...제공

지상최대공모전 수상작 발표

각색/작화 작가를 모집합니다!

도전웹툰 신고 오남용에 관한 징계

5월 유료화 전환 작품 안내

매운맛 로맨스 웹툰을 찾습니다

클릭

대상이네.

Q1
웹툰 작가가 되기 위해
얼마나 많은 시간이 걸리나요?

사람마다 다르다. 실력이 뛰어남에도 에이전시나 플랫폼을 잘못 만나서 무한 수정만 반복한다거나, 네이버, 카카오 등 메이저 플랫폼에 데뷔하지 않는 건 의미 없다고 생각해서 데뷔 기회가 있었음에도 하지 않는다거나, 이미 실패한 방법만을 고수해서 데뷔가 늦어지기도 한다. 반면 실력에 운까지 맞아서 고등학교 때 데뷔하거나 대학 졸업하자마자 데뷔하는 등 빠르게 데뷔하는 예도 있다.

직장에 다니는 분들이라면 직장을 그만두고 웹툰 작가를 준비해야 하는지 고민될 수 있다. 수입이 없는 상태에서 웹툰 작가 준비를 하는 건 추천하지 않는다. 많은 웹툰 작가 인터뷰나 팟캐스트, 유튜브 채널에서 입을 모아 일을 그만두지 말고 돈을 벌면서 웹툰 작가를 준비하라고 조언한다. 앞서 말했듯 웹툰 작가가 되기 위해 걸리는 시간은 다 다르다. 운이 좋아 빨리 데뷔하면 다행이지만, 10년 이상 될지도 모르는 웹툰 작가 준비 기간을 수입 없이 버티기란 쉽지 않다. 본인이 어느 정도 실력이 있다면 웹툰 제작 스튜디오에서 보조 작가로 돈을 벌며 작가 준비를 하는 것도 좋은 방법이다.

웹툰 작가 준비에만 전념하는 게 나은 사람도 있다. 내가 그 경우다. 하루에 쓸 수 있는 에너지가 한정되어 있어 동시에 두 가지 일을 하지 못한다. 일을 마치고 집에 가서 원고를 만든다는 건 체력적으로도 무리이다. 나와 같이 한 가지 일에 몰두하면서 에너지를 한꺼번에 쏟고 싶은 사람이라면, 그동안 부지런히 돈을 모은 뒤 웹툰 작가를 준비해야 한다.

Q2
웹툰 작가가 되기 위해
만화 학원을 꼭 다녀야 하나요?

꼭 다닐 필요는 없지만 나는 많은 도움을 받았다. 웹툰 제작에 문외한이었던 나는 국비 지원 웹툰 교육을 통해 기본적인 툴 다루는 법, 스토리 쓰는 법, 콘티 만드는 법, 캐릭터 만드는 법, 원고 만드는 법, 기획안 쓰는 법 등 웹툰 제작 전반을 배울 수 있었다. 무엇보다 웹툰 작가가 될 수 있다는 자신감을 얻었다.

다만 나는 운 좋게 좋은 학원에서 좋은 선생님을 만난 경우이다. 학원에 따라 실무와는 거리가 먼 교육을 하는 곳도 있으므로 재학생이나 졸업생의 후기를 잘 알아보고 선택하는 것을 추천한다. 대학 웹툰 학과에서 충분한 교육을 받았다거나 인터넷 강의나 지인을 통해 정보를 얻는 게 편한 분들은 굳이 학원을 등록하지 않아도 된다.

Q3
웹툰 공모전에
꼭 참여해야 하나요?

꼭 참여할 필요는 없지만 다양한 지원사업의 혜택을 누릴 수 있으므로 공모전에 도전하라고 말하고 싶다. 운이 좋아 당선되면 당선금도 받을 수 있고 운이 더 좋다면 당선작을 플랫폼에 연재할 수도 있다.

또 만약 연재 문의를 통해 데뷔한다면 세이브 원고 작업을 하는 동안은 원고료를 받을 수 없지만, 네이버지상최대공모전 등 많은 상금이 걸린 공모전을 통해 데뷔한다면 받은 상금으로 생활하며 세이브 원고를 제작할 수 있다. 이외에도 공모전 당선작이라는 홍보 효과도 무시할 수 없다.

무엇보다 공모전 당락이나 상금을 떠나 공모전 준비 과정에서 성장할 수 있다는 것이 가장 큰 장점이라고 생각한다. 나의 작가 데뷔, 첫 연재, 첫 출간 모두 공모전을 통해 이루어졌다. 물론 공모전에 참여하지 않고도 성공적으로 데뷔한 작가분들도 많지만, 경험을 위해서라도 공모전에 참여하는 것을 추천한다.

주의할 점은 공모전에 떨어졌다고 낙담하지 않는 것이다. 좋은 작품을 출품했지만 심사위원의 취향에 맞지 않았을 수 있고, 특정 장르의 쏠림 예를 들어 지원작 중 로맨스 판타지 장르가 너무 많아서 해당 장르의 작품을 걸러내느라 뽑히지 못한 경우 때문에 선정되지 않았을 수도 있다. 공모전에 낸 작품의 퀼리티가 좋았는지 부족했는지의 판단은 본인이 해야 한다. 가수 오디션 프로그램 예선 탈락자가 훗날 데뷔해서 성공하는 모습을 자주 보듯이 우리도 심사위원에게 자신의 운명을 맡기지 않았으면 좋겠다.

Q4
웹툰 작가는 그림 외에
글도 잘 써야 하나요?

글, 그림 작가를 병행하고 싶다면 글을 잘 써야 한다. 만약 본인이 그림에는 재능이 있지만, 글쓰기에는 흥미가 없다면 능력 있는 글 작가를 찾는 것도 괜찮은 방법이다. 게다가 요즘은 노블코믹스 시장이 크기 때문에 글을 못 쓴다고 해서 걱정할 필요가 없다. 웹툰 작가가 되는 길은 다양하다.

일단 본인이 〈심해수〉 노미영 작가나 〈현혹〉의 홍작가 정도의 그림 실력을 갖췄다면 능력 있는 현업 글 작가들이 알아서 협업 제안을 하겠지만, 보통의 그림 작가 지망생들은 본인과 같은 글 작가 지망생과 협업할 가능성이 크다.

괜찮은 아마추어 글 작가를 찾기 위해 많은 지망생이 웹툰 창작 카페에 글 작가 모집 게시물을 올린다. 글 작가의 마음을 얻기 위해서는 포트폴리오가 중요하다. 포트폴리오에는 완성된 웹툰 원고가 들어가는 것이 좋다. 판타지 글 작가를 구한다면 판타지 원고를 올리고 로맨스 작가를 구한다면 로맨스 원고를 올리는 것이다.

글 작가의 연락이 없다면 스스로 글 작가를 찾아봐야 한다.

웹툰 창작 카페에 그림 작가 모집 글을 검색해보는 것이다. 게시물을 확인할 때 중요한 점은 글 작가의 이야기가 콘티 형식으로 되어있는지 여부이다. 이야기가 콘티로 정리되어있어야 글 작가의 웹툰 연출력을 알 수 있다. 글로만 이야기가 작성되어 있다면 협업 과정에서 마찰이 생길 가능성이 있다.

- **스토리를 글로만 전달하는 경우**

컴컴한 어둠 속에서 눈을 뜬 주인공 호연

호연: 뭐지? 여긴 어디야? 아무것도 안 보여⋯. 나는 분명⋯.

〈회상〉
중학교 교실. 역사 수업이 진행되고 있고 선생님은 단군 신화를 강의 중.
맨 뒷자리에서 몰래 젤리 포장을 뜯고 있는 호연이 보인다.
선생님이 칠판에 글씨를 쓰고 있을 때 젤리를 한 움큼 입안에 털어 넣는 호연.
급하게 먹었던 탓인지 젤리에 기도가 막힌 호연은
얼굴이 보랏빛으로 변하며 의식을 잃고 그대로 쓰러진다.

호연: 맞아. 나 젤리를 먹고 죽은 줄 알았는데⋯
　　　근데 여긴 어디지? 어둡고 추워⋯.

몸을 웅크리고 자신의 몸을 쓰다듬는 호연.
옷도 피부도 아닌 털이 만져진다.

호연: 꺅! 이거 뭐야?!

다시 한번 몸 전체를 만져보지만 역시나 온몸이 털로 뒤덮여 있었다.
이번에는 자신의 손을 만져보는 호연.
뭔가 도톰하고 물컹한 촉감이 느껴진다.

호연: 이건 제⋯ 젤리잖아?

내 손은 짐승의 발바닥 모양을 하고 있었다.

- 스토리를 콘티 형식으로 전달하는 경우

콘티로 스토리를 전달해야 각 컷을 어떻게 연출해야 할지 알
수 있다. 위의 예시처럼 스토리를 글로만 전달했을 때는 웹툰
분량으로 총 몇 컷이 나올지조차 알 수 없다. 글로만 전달했
을 때는 '단군 신화 강의 중'이라는 한 줄의 지문으로 끝났지
만, 콘티로 전달했을 때는 수업 내용까지 대사로 추가된 것을

알 수 있다. 긴 대사를 말풍선으로 어떻게 분리해야 하는지도 알 수 있고 세로 스크롤을 고려한 연출을 할 수 있다. 각 컷에서 롱 샷, 풀 샷, 클로즈업, 익스트림 클로즈업이 어떻게 들어가는지도 알 수 있다.

콘티 연출이 가능한 글 작가는 '화려한 갑옷을 두른 천계와 마계의 백만 대군이 격돌하는 1,000화 분량의 판타지 전쟁 대 서사시'와 같은 작업자의 현실을 고려하지 않는 이야기를 쓰지 않는다.

글 작가와
협업하기

만약 글 작가와 협업하기로 했다면, 처음 손발을 맞춰보는 것
이기 때문에 상대의 마음을 알지 못해 다툴 수 있다. 그럴 땐
나중에 다툴 수 있는 부분을 사전에 조율하는 것이 좋다. 다음
은 글 작가와 꼭 확인하고 진행할 기본적인 사항들이다.

- 글 작가는 그림 작가에게 언제까지 콘티를 넘겨줄 것인가?
- 그림 작가는 언제까지 원고를 완성할 것인가?
- 콘티 파일은 어떻게, 어떤 형식으로 전달할 것인가?
- 작업을 위한 연락은 어느 시간에 가능한가?
- 서로의 작업에 어디까지 개입해도 되는가?
- 수익 배분은 어떻게 할 것인가?

글 실력
키우는 법

글 실력이 부족하지만, 글 작가와 그림작가를 병행하고 싶으면 어떻게 할까?
답은 간단하다. 글 실력을 키우면 된다. 글 실력을 높이는 노하우를 '기술적 관점'
과 '이야기적 관점'으로 분리해서 정리해보았다.

• 기술적 관점

1. 자신이 쓴 글을 소리 내어 읽기

수많은 작가가 추천하는 방법이다. 문장을 제대로 썼는지 의심된다
면, 글을 눈으로만 읽지 말고 소리 내어 읽어보길 바란다. 입으로 소
리 내어 읽었을 때 내가 쓴 글이 자연스럽고 편하게 읽힌다면 독자가
읽었을 때도 이해하기 쉽고 편한 글일 가능성이 크다. 특히 만화는
대사의 비중이 크기 때문에 대사를 자주 소리 내어 읽어봐야 한다.

2. 맞춤법 검사기 활용하기

맞춤법만 잘 맞춰도 전문가가 쓴 글처럼 느껴진다. 그러니 작
성한 글은 반드시 한컴오피스 맞춤법 검사기나 네이버 맞춤
법 검사기 등으로 검사해보자. 생각보다 맞춤법을 많이 틀린
다는 걸 알 수 있을 것이다. 대사 몇 개만 맞춤법 검사한 뒤,
틀린 게 없다고 맞춤법 검사를 안 하면 안 된다. 무조건 검사
해야 한다. 검사해도 틀린다.

3. 문장은 짧게 쓰기

문장을 길게 쓰면 글을 읽다가 문맥의 흐름을 놓치게 된다. 작품
속 문장은 짧을수록 좋다. 메신저나 메일을 보내거나 SNS를 할
때도 마찬가지다. 일상에서도 문장 짧게 쓰기 연습을 하자.

116

4. 유의어 사전 활용하기

서양에서는 같은 단어나 표현의 반복을 되도록 피한다고
한다. 우리도 유의어 사전을 활용해 글에 다양한 변화를
주자. 중복되는 표현만 피해도 글이 다채로워질 것이다.

5. 말풍선 속 대사는 3줄 이내로 줄이기

자신이 주로 쓰는 메신저를 열어 친구와 나눈 대화를 확인해보자. "○○
야, 주말 동안 많이 생각해 봤는데 우리 사이…" 등의 심각한 이야기를 할
때나 "팀장님, 보내주신 시안 잘 받았습니다. 이후 일정에 대해서는…" 등
의 진지한 업무 대화를 할 때를 제외하고, 대부분 3줄을 넘기지 않을 것이
다. 3줄이 넘어가는 순간 우리는 글이 길게 느껴진다. 인터넷 게시물이 길
어지면 스크롤을 쭉 내려서 '3줄 요약'이 있나 확인하는 것도 같은 맥락이
다. 문장을 짧게 쓰는 훈련을 통해 말풍선 대사를 3줄 이내로 줄여 가독성
을 높이자.

• 이야기적 관점

1. 닮고 싶은 작가의 작품 필사하기

〈미생〉, 〈내부자들〉, 〈이끼〉 등 수많은 위대한 작품을 만든 윤태호 작가는 스토
리를 못 쓰는 것이 콤플렉스였다고 한다. 좋은 글을 쓰기 위해 그는 드라마 〈모
래시계〉의 대본과 최인호 작가의 시나리오 전집을 베껴 썼다고 한다. 〈제인 에
어〉, 〈폭풍의 언덕〉을 쓴 19세기 소설가 브론테 자매 또한 유년기부터 유명 소설
의 플롯, 캐릭터, 문체를 표절하며 놀았다고 한다. 당장 인터넷 검색만 해봐도 필
사의 장점에 대해 많은 자료가 나온다. 요즘은 인기 영화나 드라마의 대본집도
많이 출간돼서 그 어느 때보다 필사하기 좋은 환경이 되었다. 좋아하는 웹툰을
콘티 수준으로 베껴보는 것도 많은 도움이 된다고 한다.

2. 작법서 그대로 따라 해보기

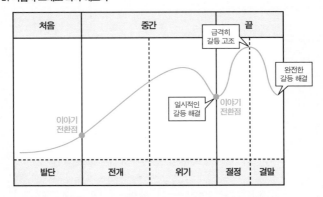

위의 표는 이야기 구성의 기본인 '3막 구조'를 설명하는 표이다. 자신이 구상 중인 이야기를 표에 그대로 대입시켜 본다. 예를 들어 '인신매매 해적단에게 납치당한 손자를 구해내는 해녀 할머니의 이야기'를 표를 따라 작성해 보자.

예시

발단
한 어촌마을. 할머니는 해녀 일로 손자를 키우며 가난하지만, 행복하게 살아가고 있다.

전개
어느 날 할머니가 물질하러 간 사이 해적단에게 손자가 납치당하고, 할머니는 손자를 되찾기 위해 수영과 잠수로 해적선에 잠입한다. 할머니는 물질용 갈퀴로 조용히 해적들을 제거해 나가고 그 과정에서 손자뿐 아니라 많은 아이가 납치되어있음을 알게 된다.

위기
해적 두목 또한 할머니가 배에 침입했다는 사실을 알게 되고, 할머니를 없애기 위해 총과 칼로 무장한 채 부하들과 나선다. 피 튀기는 혈투 후, 수십 명의 해적과 두목을 쓰러뜨린 할머니는 결국 손자를 구해낸다.

118

절정

손자와 납치당한 아이들을 구명정에 태우고 탈출하려는 찰나 죽은 줄 알았던 해적 두목이 구명정으로 뛰어내린다. 구명정 위에서 마지막 혈투가 벌어지고 두목은 최후의 수단으로 구명정에 수류탄을 터뜨리려고 한다. 할머니는 아이들의 안전을 위해 두목을 안고 물속으로 뛰어내린다.

결말

바닷속에서 둔탁한 폭발음이 들린다. 손자는 멍하니 바다를 바라본다. 곧이어 할머니의 해녀복 조각이 떠오른다. 손자는 구명정 바닥에 주저앉아 눈물을 흘린다. 구명정 멀리서 할머니의 얼굴이 빼꼼 올라오고 구명정으로 헤엄쳐 나온다.

이런 식으로 표에 맞춰 이야기를 써본다. 시간도 그렇게 오래 걸리지 않는다. 이야기를 더 자세하게 구상하고 싶다면 크리스토퍼 보글러(Christopher Vogler)의 '영웅의 여정 12단계'를 검색하여 해당 단계에 맞게 이야기를 채워보는 것을 추천한다.

3. 작법 강의 듣기

유튜브나 팟캐스트에 많은 작법 강의 영상이 올라와 있다. 만약 악역 캐릭터를 만들고 싶으면 '매력적인 악역 만드는 법'을 검색하여 영상을 활용해 작업하는 것이다. 또는 '웹툰 스토리 쓰는 법', '웹소설 쓰는 법' 등으로 검색해도 많은 영상이 나와 상황에 맞게 참고할 수 있다.

Q5
트렌드에
민감해야 하나요?

대중을 상대하는 직업인 만큼 트렌드 파악이 중요하다. 웹툰 트렌드를 파악하기 위해 사회, 정치, 경제, 문화, 패션 등 다양한 분야에 관심을 가지는 편이다.

현재 웹툰의 주요 트렌드 중 하나는 빠른 사이다 전개이다. 전통적인 작법에서는 주인공에게 끊임없이 시련을 줘야 하지만 요즘 독자들에게 주인공의 시련은 답답한 고구마와 같다. 학교와 사회에서 이미 치열한 경쟁과 시련을 겪는 현대인들은 웹툰에서조차 고난을 겪고 싶지 않아 한다. 웹툰을 보는 2~3분 동안만큼은 뇌를 비우고 휴식과 위안을 얻고 싶어하기 때문이다.

웹툰뿐만이 아니라 영상 매체에서도 짧은 시간에 반복적인 쾌감을 주는 릴스, 틱톡, 쇼츠 등의 숏폼 콘텐츠가 인기를 끌고 있다. 영화, 드라마, 예능, 스포츠 경기도 짧은 클립 영상으로 소비한다. 이와 같은 이유로 웹툰에서도 빠른 호흡으로 사건이 해결되고 주인공이 적은 노력으로 큰 보상을 얻는 전개가 주요 트렌드 중 하나로 자리 잡았다.

또 트렌드가 곧 인기 웹툰 소재가 되기도 한다. 저성장과 취업난에 시달리는 젊은 세대의 미래에 대한 불안감은 주인공만 모든 정보와 지식, 능력을 갖춘 채 다른 세상에서 성공하는 회귀물 장르 웹툰의 인기로 이어졌다. 높아진 여성 인권으로 로맨스물에서 여성이 연애의 주도권을 쥐거나 여주인공이 남주인공을 선택하지 않는 해피엔딩도 많아졌다. 남성 위주였던 슈퍼히어로 장르에서 여성 서사와 매력적인 여성 슈퍼히어로가 늘어났다. 소년범이나 권력자 범죄에 대해 강력하게 처벌하는 내용의 웹툰이 큰 호응을 얻는 이유도 사회의 시대상을 반영하고 있기 때문이다.

"트렌드를 몰라도 만화만 재미있다면 괜찮은 거 아닌가요?"라고 물을 수도 있다. 물론 트렌드를 반영하지 않더라도 웹툰을 만들 수 있다. 하지만 시대 변화를 읽지 못해서 구시대적 가치관이 만화에 등장한다면 곤란하다. 예전에는 드라마에서 남자 주인공이 여자 주인공 뺨을 때리거나 남편에게 맞고 눈에 멍이 든 아내의 모습이 코미디 소재로 쓰이기도 했다. 여성의 치마를 들치는 행위가 유쾌함으로 그려지기도 했으며 특정 인종 분장을 하고 바보처럼 행동하는 게 웃음거리로 소비되기도 했다. 대중매체 창작자로서 트렌드를 파악하고 있지 않다면 이전 시대의 잘못된 사회적 인식과 경향을 만화에 넣는 실수를 하게 될 것이다.

3 정식 웹툰 작가의 삶

XX야.
작가님이라고
안 불러?

아 맞네요!
결례를 용서하세요.
작가님.

어이.
마 씨.

예 예. 작가님.
말씀하십시오.

내가 연재
들어가면 엄청
바쁠 것 같거든?

내
보조 작가가
되어라.

네?

왜?
싫어?

제대로
모시겠습니다.
작가님!

123

Q1
정식 웹툰 작가가 되면
먼저 무엇을 하나요?

플랫폼마다 다르지만 보통 계약서를 쓴 뒤 작품의 섬네일, 소개 글 등을 등록한다. 그리고 완결 때까지 계속 원고 작업을 한다. 한 편의 원고를 일주일 안에 완성할 수 있도록 속도를 올려야 하는데 갑자기 손이 드라마틱하게 빨라질 수 없기에 잠을 극단적으로 줄이는 방법으로 원고를 완성해 나간다. 또는 어시스턴트를 구해 업무량을 줄이기도 한다.

Q2
작업에 사용하는 작업 툴과 장비는 무엇인가요?

내가 사용하는 툴은 보통 3가지이다. 먼저 '클립 스튜디오 페인트CLIP STUDIO PAINT'가 있다. 클립 스튜디오 페인트는 '만화가들 마음속에 들어갔다 나왔나?' 싶을 정도로 원하는 모든 기능이 다 들어가 있는 페인팅 도구다. 작업시간을 단축해주는 좋은 소재들도 많고 낮은 사양의 컴퓨터에도 구동이 잘 되는 가벼운 프로그램이라 많은 웹툰 작가들이 사용한다. PC, IOS, 안드로이드 버전을 제공하고 있어 PC에서 작업하던 원고를 모바일이나 태블릿 PC로 옮겨서 작업할 수도 있다.

다음은 '포토샵Photoshop'이다. 포토샵은 어도비사에서 제공하는 그래픽 툴이다. 사진 보정과 편집에 특화되어 있고 그림은 부가 기능에 가깝지만, 디지털 드로잉 기능이 워낙 뛰어나기 때문에 현재도 많은 작가가 포토샵으로 웹툰 원고를 작업한다. 단점은 메모리를 많이 잡아먹고 높은 사양의 컴퓨터가 아니라면 많이 비벅거린다. 그리고 작품 해외 연재 시 번역 작업을 위해 PSD 파일이 필요하므로 글 작업은 포토샵 PSD 파일로 작업하는 것이 좋다. 최근 네이버와 CELSYS의 기술 협력으로 클립 스튜디오만으로도 글 작업이 가능해져 포토샵의 작업 범위는 더욱 줄어들 것으로 예상된다.

마지막은 '스케치업SketchUp'이다. 스케치업은 건축 도면, 설계 3D 모델링 프로그램이다. 건축이나 인테리어를 위해 만들어진 툴이지만 웹툰 작가들은 배경 작업을 위해 스케치업을 쓰고 있다. 주간 마감이라는 극악의 환경에서 스케치업은 시간 단축과 배경 어시스턴트 한 사람 분량의 작업을 해준다. 단점은 높은 사양 컴퓨터가 아니면 포토샵 이상으로 버벅대고 무겁다.

내가 사용하는 장비도 3가지로 정리할 수 있다. 먼저 '액정 태블릿과 모니터'이다. 가장 많이 사용하는 장비이기도 하다. 사용할 땐 경추, 척추 건강을 위해 액정 태블릿은 내 시선과 같은 높이로, 모니터는 내 시선보다 높게 조절하는 것이 좋다.

각종 경추, 척추 질환과 긴장성 두통, 폐질환을 겪다가 비참한 최후를 맞이함

육체와 정신 모두 건강해져 좋은 작품을 다수 발표하며 천수를 누림

13~16인치 액정 태블릿을 사용하는 경우에는, 접을 수 있고 높이와 각도 조절이 가능한 노트북 거치대를 추천한다. 22인치 이상의 액정 태블릿을 사용하는 경우에는 모니터 암을 연결해서 사용하면 좋다. 많은 작가가 액정 태블릿을 모니터 암과 연결해서 사용하고 있다. 하지만 모니터 암의 특성상 그림 그릴 때 화면이 흔들리기 때문에 모니터 받침대 2개를 사용하는 것도 하나의 방법이다.

노트북 거치대

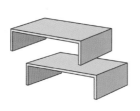

모니터 받침대 2개를 사용한 모습

다음은 '노트북'이다. 집에서 작업 집중이 안 될 때 야외에서 사용하는 장비이다. 내가 사용하는 노트북은 화면이 360도로 돌아가고 액정 태블릿처럼 펜 사용도 가능해 유용하다. 무엇보다 휴대성이 좋아 어디서든 작업이 가능하다. 액정 태블릿은 태블릿 자체도 무겁고, 연결해야 하는 여러 케이블 때문에 외부에서 작업할 엄두가 나지 않는다. 하지만 노트북을 사용하면 에코백 안에 노트북을 포함해 기본적인 장비 키보드, 마우스, 펜 등만 쏙 넣어 챙길 수 있어 편하다. 이 책에 들어간 글, 그림 대부분을 이 노트북으로 작업했다.

마지막은 '휴대전화 거치대 혹은 삼각대'이다. 인체 포즈를 그릴 때 꼭 필요한 물건이 바로 스마트폰 거치대이다. 김정기, 석정현, 김락희 작가처럼 머릿속의 상상을 손으로 바로 출력할 수 있는 천재 그림작가가 아니라면 이 장비는 필수다. 클립 스튜디오의 3D 데생 인형이나 디자인 돌 같이 3D 모델링을 활용하여 다양한 앵글이나 동세를 표현할 수도 있다. 하지만 실제 인체를 촬영해서 보고 그리는 것보다 정확할 수 없다. 나의 경우 여러 개의 거치대를 구매해서 하이 앵글용, 수평 앵글용, 로우 앵글용으로 사용하고 있다. 작업 시 드라마틱한 시간 단축을 경험할 수 있다.

수평 앵글용
거치대

로우 앵글용
삼각대

하이 앵글용
거치대

Q3
작업하면서 슬럼프가 올 땐
어떻게 해소하나요?

다행히도 슬럼프가 온 적이 없다. 지망생 때는 데뷔를 못 할 지도 모른다는 두려움에 슬럼프에 빠졌다고 생각할 틈이 없었고, 첫 연재 때는 마감에 늦으면 안 된다는 공포심에 완결까지 슬럼프 없이 지나갔다. 완결 후에는 수입이 끊겼기 때문에 공모전 상금을 타 생계를 유지해야 한다는 걱정에 슬럼프 생각이 안 났다. 생계에 대한 걱정이나 마감에 대한 두려움이 머릿속에 있으면 슬럼프에 빠지지 않는 것 같다.

Q4
외주 작업을 할 때
주의해야 할 사항이 있나요?

외주 작업을 할 때 의뢰인의 단순 변심으로 수정만 반복하다 가 돈을 못 받는 경우가 정말 많다. 외주 작업 시 이러한 상황 을 겪지 않기 위해 몇 가지 사항을 명심해야 한다.

첫째, 계약서를 반드시 작성해야 한다. 작업에 들어가기 전에 원고료, 납품 기일, 수정 범위, 원고 분량, 원고 퀄리티 흑백인지 컬 러인지, 컬러라면 명암을 몇 단계 넣을지, 그림체는 어떻게 할지… 등을 협의해서 계 약서를 작성하는 것이 좋다.

둘째, 나만의 가격표를 만들어야 한다. 크몽 등 홍보 웹툰 사 이트를 참고해서 흑백에 등장인물 2명에 배경이 없다면 컷당 20,000원, 컬러에 등장인물 4명에 간단한 배경이 들어간다면 컷당 30,000원, 등장인물 6명에 컬러에 명암까지 들어가고 세밀한 배경 작업이 들어간다면 컷당 40,000원 등 나만의 작 업 단가표를 만들어 두면 좋다.

셋째, 선금 또는 계약금을 받아야 한다. 완성된 원고를 받고 의뢰인이 "제가 생각한 느낌은 이게 아닌데…. 작업하느라 고 생하셨지만, 사용은 못 할 것 같네요" 등의 이야기를 하며 결제를 해주지 않는 경우가 정말 많다. 외주 작업을 해본 이들이라면 99%는 경험했을 것으로 생각한다. 작업 전에 반드시 선금 또는 계약금을 받고 진행해야 한다. 대신 작업자 쪽에서도 계약 내용을 이행하지 못했을 시 규정에 따라 환급해주어야 한다.

넷째, 수정 범위를 정해야 한다. 완성된 원고를 받은 의뢰인이 "주인공이 버스 타고 있는 걸 기차로 바꿔주시고 캐릭터가 정면인데 옆모습으로 바꿔주세요" 등 재작업 수준의 수정 의뢰를 끝도 없이 할 때가 있다. 의뢰인과 작업자는 콘티 과정에서 세부 내용을 완벽하게 정하고 본 작업에 들어가야 한다. 수정 작업은 반드시 콘티 단계에서 진행하고 수정은 2회까지는 무료, 이후에는 추가 금액 발생 등 작업자가 수정 범위를 정해 의뢰인에게 알려야 한다.

다섯째, 업무 관련 문자, 이메일 등을 보관해야 한다. 나중에 의뢰인의 말이 달라질 수도 있고 작업자도 의뢰인의 요구사항을 잘못 이해할 경우가 생기기 때문에 작업 관련 대화 내용은 모두 보관해야 한다. 통화로만 업무 내용을 주고받으면 증거가 남지 않기 때문에 되도록 문자나 이메일을 활용하고 통화로 업무를 전달받은 경우라면 통화 내용을 정리한 뒤 의뢰인에게 확인받는 것이 좋다.

• 작업 단가표 예시

기본(컷당 20,000원)

– 흑백
– 배경 없음
– 명암 작업 없음
– 등장인물 2명
– 수정 1회 가능

고급(컷당 30,000원)

– 컬러
– 단순 배경
– 명암 작업 있음
– 등장인물 4명
– 수정 2회 가능

최고급(컷당 40,000원)

– 컬러
– 배경 있음
– 명암 작업 있음
– 등장인물 6명
– 수정 3회 가능

Q5
창작의 고통이
정말 힘든가요?

웹툰 작가라면 창작의 고통을 육체적, 정신적으로 모두 느낀다. 육체적으로는 잠 못 자며 장시간 앉아서 원고를 작업하는게 힘들고, 정신적으로는 창작 과정에 발생하는 수많은 선택의 순간이 힘들다.

원고를 작업할 땐 다음 스토리를 어떻게 짤지, 글을 어떻게쓰고 어떻게 배치해야 가독성이 좋을지, 대사를 어떻게 써야입에 붙을지, 사건과 사건을 어떻게 연결할지, 어떤 구도가 가장 효과적일지, 마지막을 어떻게 끝내야 다음 화가 궁금할지등 작업의 모든 과정이 선택의 연속이다. 이러한 창작의 고통이 심할 때면 '내 목숨을 깎아서 웹툰을 만드는구나'라는 생각이 들기도 한다.

실제로 장시간 앉아서 일하는 창작자들이 작업 도중 목숨을잃었다는 소식을 종종 접할 때가 있다. 작품도 중요하지만 내생명과 건강이 우선이다. 창작하며 고통을 받지 않을 순 없겠지만 충분한 휴식, 수면, 영양 섭취, 그리고 꾸준한 운동으로건강을 지키도록 하자.

우리나라 웹툰의 역사와 특징

1. 웹툰의 역사

한국에서 시작된 만화 콘텐츠인 웹툰은
1990년대 말~2000년대 초에 생겨났다.
웹툰이라는 단어는 PC 통신 사이트 천리안에서
'World Wide Web(웹)'과 'Cartoon(만화)'을 조합해 만들었고,
천리안이 2000년 8월 8일 온라인 만화 서비스를
제공하기 시작하면서 대중에게 알려졌다.

이후 출판 만화의 몰락, 초고속 인터넷 보급 등과 맞물려
웹 사이트나 홈페이지에 취미로 올리기 시작하던 웹툰은
스마트폰의 탄생과 함께 2021년 기준
연간 매출액 1조 원을 돌파할 정도로 성장했다.

2. 웹툰의 특징

출판 만화나 다른 인터넷 만화와 구분되는
웹툰의 가장 큰 특징은 바로 '세로 스크롤'이다.
가로로 페이지를 넘기며 보는 출판 만화 방식을 그대로
웹 페이지에 옮긴 이전의 인터넷 만화와는 달리
웹툰은 모바일 세로 스크롤 방식에 최적화되어있다.

현재 우리가 보는 세로 스크롤에 특화된 웹툰 연출은 강풀 작가의
2003년 작품 〈순정만화〉에서부터 시작된 것으로 알려져 있다.
국내 웹툰 플랫폼이 해외로 진출하며 세계 인터넷 만화시장도
웹툰 형식으로 재편되고 있다.

I am a webtoon artist

1 웹툰 작가의 나날

외계인 작가
웹툰 1화 공개일

떴다!

나 떨려서
못 보겠어….

댓글 반응 좀
봐주면 안 돼?

작가님 작품은
당연히 극찬이죠.

악플이나 달려라!
재수 없는 파충류 자식!

와 진짜 역대급 작품이 나왔다.
어서 올려드리자! 이건 인간의
실력이 아니다. 작가님 진짜
외계인이세요? 대작 나무 타는
냄새가 솔솔 나네요. 이건 진짜
넷플릭X 시리즈로 나와야 함

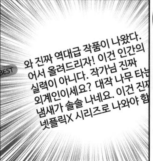

반응… 좋네요.
추…축하드려요.
작가님….

제 일처럼
기쁩니다….

138

Q1
만화를 그리며
언제 가장 보람을 느끼나요?

요일별 순위가 높다거나 댓글 반응이 좋다거나 책이 잠깐 인기도서에 오르는 등 안타깝게도 외부 요인에서 보람을 느끼는 경우가 많다. 외부 평가에 영향받지 않고 그림, 이야기, 연출 등에서 스스로 만족했을 때, 약속했던 분량, 목표를 달성했을 때 보람을 느끼자고 다짐하지만 마음처럼 되지 않는다.

Q2
반대로
가장 힘들었던 때가 있나요?

데뷔 전에는 웹툰 작가가 되지 못할 것 같다는 막연한 공포심에 힘들었다. 네이버 도전만화에 만화를 올린 직후부터 작업하면서 울고 밥 먹다가 울고 매일 울었다. 데뷔 후 다행히 눈물은 멈췄지만, 대신 마감을 어기면 안 된다는 두려움에 2~3시간 자면서 작업하는 것이 힘들었다. 육체적인 것도 힘들지만 막연한 공포 같은 실체가 없는 것들이 더 힘들게 하는 것 같다.

Q3
조회 수, 별점, 댓글 등
평가받는 것이 부담스럽진 않나요?

평가에 연연해선 안 되겠지만 부담스럽다. 네이버 도전만화에 연재하던 당시, 스스로 정한 마감을 지키지 못해 안 좋은 댓글이 많아서 댓글 보기가 두려웠다. 하지만 음악, 영화, 방송, 만화 등 대중을 상대로 하는 모든 직업과 그 결과물은 세상에 나오는 순간 대중의 평가나 비판을 받는 게 당연하다고 생각한다. 나 또한 다른 웹툰, 드라마, 영화 등을 볼 때 냉정하게 평가하는 편이다.

웹툰 작가가 되고 난 뒤
후회한 적이 있나요?

한 번도 후회한 적 없고 직업 만족도 역시 최상이다. 전 직장이 너무 안 좋아서 상대적으로 만족하는 것일 수도 있겠지만 복지가 좋은 직장을 다녔더라도 내 성향에는 웹툰 작가가 더 잘 맞았을 것 같다. 집에서 혼자 일하는 나의 관점에서 웹툰 작가의 장점은 아래와 같다.

1. 내 이야기를 자유롭게 할 수 있다.

내가 만든 세계관과 내가 만든 캐릭터로 내가 상상한 이야기를 들려줄 수 있다. 심지어 내 이야기가 재미있으면 플랫폼에 연재될 수도 있고 책이 나올 수도 있고 내 이야기에 공감하는 팬까지 생길 수 있다.

2. 책임질 수 있다면 내 마음대로 해도 된다.

모든 프리랜서의 특징이겠지만 부모, 선생님, 직장 상사, 회사 대표 등 남들이 뭘 해야 할지 알려주던 삶에서 내가 선택하고 결정하는 삶으로 바뀌었을 때 오는 자유로움이 있다. 대신 클라이언트와 독자의 반응을 항상 살펴야 하고 잘못된 것에 대한 책임 또한 내가 져야 한다.

3. 내가 겪는 모든 일이 내 일에 도움 된다.

내가 즐기는 모든 대중 매체들영화, 드라마, 음악, 공연, 전시 등, 내가 듣는 모든 강연과학, 역사, 인문학 등, 내가 하는 모든 체험의식주, 일, 놀이, 휴식 등이 한 번 소비되고 끝나는 게 아니라 직간접적으로 작품에 활용된다. 설령 온종일 누워서 아무것도 안 했다고 해도 이 감정을 메모해 뒀다가 백수 캐릭터가 필요할 때 꺼내서 사용할 수 있다. 이렇게 생각하다 보면 하루를 허비하더라도 작품에 도움 되는 일을 했다며 자기합리화가 가능하다.

4. 안 좋은 일도 내 일에 도움 된다.

내가 겪은 안 좋은 일도 좋은 웹툰 소재가 될 수 있다. 예전에는 나쁜 사람, 무례한 사람에게 공격받으면 저항도 못 하고 속으로만 부들부들했지만, 웹툰 작가가 된 지금은 여전히 부들부들하면서도 '세상에 이런 나쁜 사람도 있구나. 메모해 뒀다가 캐릭터에 써야지'가 가능하다. 자기 전에 이불을 발로 차게 되는 부끄러운 기억도 만화에 써먹을 수 있다. 내가 겪는 나쁜 일마저도 쓸모 있다고 생각되니 안 좋은 일을 당했을 때 '좋은 소재가 되겠다' 하며 넘길 수 있다.

5. 출퇴근이 없다.

직장 생활을 할 때 힘들었던 것 중 하나가 출퇴근이었다. 규칙적인 삶과 거리가 멀었던 나는 아침 일찍 일어나는 것부터가 고역이었고 출퇴근으로 하루에 3~4시간을 소비하는 게 아까웠다. 웹툰 작가가 된 지금 출퇴근 시간은 매트리스에서 컴퓨터까지 10초면 충분하다. 우스갯소리로 프리랜서는 출근을 안 하는 것이 아니라 퇴근이 없는 것이라고 하지만 그래도 일찍 일어나서 출근하지 않아도 되는 지금의 삶이 내 성향에 맞다. 만약 웹툰 작가 지망생이지만 출퇴근이 성향에 맞는 사람이라면 스튜디오에 들어가거나 작업실을 구해 출퇴근하는 것을 추천한다.

6. 자유롭게 일할 수 있다.

작업하다가 막히면 태블릿이나 노트북을 들고 카페에서 작업할 수 있다. 아이패드나 노트북이 있다면 그림 작업도 밖에서 할 수 있다. 전 세계 예쁜 카페들이 내 작업실이라는 생각에 든든한 기분마저 든다. 이 책에 들어가는 만화 대부분을 카페를 돌아다니며 작업했고 글 또한 카페에서 썼다. 집에서 작업할 때도 자유롭기는 마찬가지다. 내가 보고 싶은 드라마, 영화, 예능, 팟캐스트를 마음껏 보고 들으며 일할 수 있다. 하지만 일을 시키고 감시하는 사람이 없다 보니 한없이 게을러질 수 있다.

7. 인간관계에서 오는 스트레스가 덜하다.

직장 생활을 할 때는 직장 상사나 타 부서와 업무 과정에서 스트레스가 상당했다. 하지만 지금은 혼자 일하다 보니 사람에게서 받는 스트레스가 거의 없다. 다만 사람을 너무 안 만나다 보면 사회성이 떨어질 수도 있다.

8. 쉬는 시간을 내가 정할 수 있다.

일하고 싶을 때와 쉬고 싶을 때를 내가 정할 수 있다. 첫 연재 때는 마감에 쫓겨 휴식이 없었지만 이후 작업부터는 여유를 가지고 작업할 수 있게 되었다. 특히 평일에 일하고 주말에 쉰다는 개념이 없어서 줄 서는 맛집도 평일 낮에 갈 수 있고 여행도 주말이나 성수기를 피해서 갈 수 있다. 예전에 다니던 회사는 1년에 휴가가 7일뿐이었지만, 현재는 연재나 공모전을 끝내고 한두 달 여유롭게 쉬며 다음 만화를 준비할 수 있다. 물론 무급 휴가이고 다음 만화를 연재하지 못한다면 영원히 쉴 수도 있다.

9. 정년이 없다.

모종의 이유로 웹툰 시장이 사라지거나 인간을 대신해 AI가 더 재밌는 웹툰을 만드는 날이 온다면 모르겠지만 본인이 꾸준히 좋은 작품을 만들 수만 있다면 웹툰 작가는 평생 할 수 있는 직업이다. 게다가 신입이 나이가 많다고 또는 너무 어리다고 눈치 주지도 않아서 나이에 상관없이 언제든지 도전할 수 있다. 만화만 재미있으면 된다.

10. 내 고생의 대가를 내가 가져간다.

웹툰 작가가 된 지금도 여전히 고생은 하고 있지만 적어도 내고생의 대가는 내가 가져간다. 예전에는 내가 열심히 하면 회사가 성장했지만, 지금은 내가 열심히 하면 내가 성장하니 힘들어도 덜 억울하다.

11. 내가 일하지 않아도 내 작품이 돈을 번다.

작품을 잘 만들어 놓으면 내가 일하지 않아도 작품이 돈을 벌어다 준다. 국내외 유료 결제부터 드라마화, 영화화, 게임화 등의 OSMU One Source Multi Use 로 나는 가만히 있는데 내 작품이 돌아다니며 원고료 이상의 수익을 가져다준다.

2 웹툰 작가로 산다는 건

첫 월급날

미친 거 아냐?

미리보기 수익 장난 아니다!

아오! 겁나 꼴 보기 싫네.

작가님. 제가 폰 요금이 많이 나와서 그런데

인터넷 설치해주시면 안 될까요?

옹졸한 녀석! 핫스팟 연결이 그렇게 아까워?

데이터 무제한인 거 내가 모를 줄 알아?

죄… 죄송합니다.

마 어시! 쓸데없는 소리하지 말고 가서 작업이나 해!

그럼 청담동 아파트 시세나 좀 알아볼까?

Q1
웹툰 작가의
평균 수입은 얼마인가요?

한국콘텐츠진흥원에서 발표한 '2021 웹툰 작가 실태 보고서' 에 따르면 웹툰 작가의 평균 수입은 아래와 같다.

• 연간 총 수입 최근 1년 내내 연재 작가 (n=162, 단위: %)

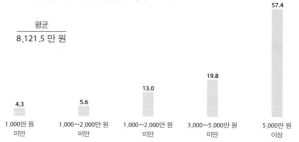

평균
8,121.5 만 원

| 4.3 | 5.6 | 13.0 | 19.8 | 57.4 |

1,000만 원 미만 / 1,000~2,000만 원 미만 / 1,000~2,000만 원 미만 / 3,000~5,000만 원 미만 / 5,000만 원 이상

• 연간 총 수입 최근 1년 이내 연재 작가 (n=525, 단위: %)

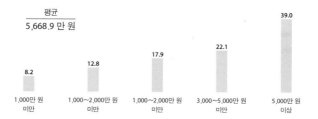

평균
5,668.9 만 원

| 8.2 | 12.8 | 17.9 | 22.1 | 39.0 |

1,000만 원 미만 / 1,000~2,000만 원 미만 / 1,000~2,000만 원 미만 / 3,000~5,000만 원 미만 / 5,000만 원 이상

• **웹툰 창작을 통한 주 소득원** (n=710, 단위: 복수응답(1+2+3순위)%)

RS	원고료	MG	해외유통
63.2%	60.3%	47.7%	24.4%

2차적 저작권료	광고수익	인세(단행본 등)	기타
10.3%	9.2%	7.0%	3.0%

• **RS**: Revenue Share(수익배분), 매출액을 기준으로 비율에 따라 나누기로 약정하는 금액으로 RG(Running Guarantee)라고도 하며, 미리보기 등을 포함

• **MG**: Minimum Gurantee(최소수익배분), 매출 관계없이 최소한의 수익배분 보장

• **2차적 저작권료**: 영화, 드라마, 굿즈 등 콘텐츠의 2차적 활용과 관련된 저작권 수익

• **인세(단행본 등)**: 단행본 등의 인세

Q2
웹툰 원고료는
어떻게 책정되나요?

원고료 책정은 원고를 플랫폼에 납품하고 돈을 받는 '원고료' 방식과 미래에 발생할 수익을 예상해서 미리 지급하는 'MG Minimum Guarantee, 최소수익보장' 방식에 따라 달라진다. 네이버 웹툰, 카카오 웹툰 등의 포털형 플랫폼은 원고료 지급 방식을, 레진코믹스, 탑툰 등의 웹툰 전문 플랫폼은 MG 지급 방식을 택한다. 한국콘텐츠진흥원 '2021 웹툰 작가 실태 보고서'에 따른 웹툰 작가 원고료는 아래와 같다.

(1) 회당 MG

- 회당 MG는 평균 92.6만 원으로 전년 대비 4.5만 원 증가.
- 포털형 플랫폼에서 연재하는 작가의 회당 MG 평균은 114.2만 원으로, 웹툰 전문 플랫폼에서 연재하는 작가의 평균 회당 MG 86.8만 원보다 높은 수준.

회당 MG 또는 원고료는 보통 얼마나 되는지요? 최근 계약을 기준으로 말씀해 주십시오.

Base: 주 수입원이 'MG'인 경우, 단위: 평균(만 원)

2020년 (n=284)	2021년 (n=339)
88.1	92.6

Base: 주 소득원이 'MG'인 경우, 단위: %

50만 원 미만	50~100만 원 미만	100만 원 이상
12.7	54.0	33.3

작가 특성별 회당 MG

Base: 주 소득원이 'MG'인 경우, 단위: %, 만 원

구분		사례수	50만 원 미만	50~100 만 원 미만	100만 원 이상	평균 (만 원)	최소값 (만 원)	중간값 (만 원)	최대값 (만 원)
전체		(339)	12.7	54.0	33.3	92.6	1.0	70.0	3,000.0
활동 플랫폼별	포털형	(72)	12.5	41.7	45.8	114.2	1.0	80.0	1,200.0
	웹툰 전문	(267)	12.7	57.3	30.0	86.8	5.0	70.0	3,000.0
데뷔 연도별	2000년 이전	(9)	0.0	22.2	77.8	127.0	54.0	100.0	800.0
	2000~2015 년	(132)	12.9	48.5	38.6	99.8	24.0	80.0	3,000.0
	2016~2018 년	(121)	14.9	57.0	28.1	84.6	5.0	70.0	1,200.0
	2019~2021 년	(77)	10.4	62.3	27.3	89.7	1.0	70.0	230.0
계약체결 형태	플랫폼 계약	(168)	9.5	62.5	28.0	92.7	1.0	70.0	3,000.0
	에이전시 등 계약	(167)	16.2	45.5	38.3	92.4	24.0	80.0	800.0
	기타	(4)	0.0	50.0	50.0	95.0	70.0	95.0	120.0

주 1) 소득의 최대, 최소, 극단값 사례 등으로 인해 최빈 급간을 벗어나는 경우가 있어 최소값, 중간값, 최대값 등을 함께 제시함
2) 전체 평균(92.6만 원)의 표준편차는 58.28임

(2) 회당 원고료

- 회당 원고료는 평균 114.5만 원으로 2020년 대비 14.2만 원 증가.

- 포털형 플랫폼에서 연재하는 작가의 회당 원고료 평균은 129.2만 원으로, 웹툰 전문 플랫폼에서 연재하는 작가의 평균 회당 원고료 97.9만 원보다 높은 수준.

회당 MG 또는 원고료는 보통 얼마나 되는지요? 최근 계약을 기준으로 말씀해 주십시오.

Base: 주 소득원이 '원고료'인 경우, 단위: 평균(만 원)   Base: 주 소득원이 '원고료'인 경우, 단위: %

	2020년 (n=378)	2021년 (n=428)	50만 원 미만	50~100만 원 미만	100만 원 이상
	100.3	114.5	14.0	44.6	41.4

작가 특성별 회당 원고료

Base: 주 소득원이 '원고료'인 경우, 단위: %, 만 원

구분		사례수	50만 원 미만	50~100 만 원 미만	100만 원 이상	평균 (만 원)	최소값 (만 원)	중간값 (만 원)	최대값 (만 원)
전체		(428)	14.0	44.6	41.4	114.5	1.0	75.0	3,000.0
활동 플랫폼별	포털형	(227)	11.0	42.7	46.3	129.2	1.0	80.0	1,200.0
	웹툰 전문	(201)	17.4	46.8	35.8	97.9	1.0	70.0	3,000.0
데뷔 연도별	2000년 이전	(10)	20.0	10.0	70.0	87.5	30.0	100.0	130.0
	2000~2015 년	(186)	15.1	41.4	43.5	123.1	1.0	75.0	3,000.0
	2016~2018 년	(121)	16.5	50.4	33.1	100.7	1.0	70.0	1,200.0
	2019~2021 년	(111)	9.0	46.8	44.1	117.4	20.0	80.0	380.0
계약체결 형태	플랫폼 계약	(292)	12.0	46.2	41.8	122.1	1.0	70.0	3,000.0
	에이전시 등 계약	(125)	16.8	43.2	40.0	100.3	5.0	80.0	400.0
	기타	(11)	36.4	18.2	45.5	75.1	1.0	70.0	175.0

주 1) 소득의 최대, 최소, 극단값 사례 등으로 인해 최빈 급간을 벗어나는 경우가 있어 최소값, 중간값, 최대값 등을 함께 제시함
　　2) 전체 평균(114.5만 원)의 표준편차는 88.21임

작업하면서 가장 중요하게
생각하는 부분은 무엇인가요?

작업하면서 가장 중요하게 생각하는 부분은 가독성과 재미이다.

1. 가독성

가독성이란 글이 쉽게 읽히는 정도를 뜻한다. 글꼴, 글자 간격, 줄 간격 등을 활용해 가독성을 높일 수 있으며 웹툰은 글 외에도 말풍선을 어떻게 배치하는지, 컷 간격을 얼마나 두는지, 컷 안에 시각 정보가 얼마나 들어있는지 등 여러 만화적 요소를 활용해 가독성을 높일 수 있다. 아무리 재미있는 이야기라도 가독성이 떨어진다면 독자는 피로감을 느끼고 뒤로 가기 버튼을 누를 것이다. 반면 재미없는 이야기더라도 가독성이 뛰어나다면 독자들은 일단 스크롤을 내려 웹툰을 읽게 된다.

153

2. 재미

웹툰은 스낵 컬처 과자를 먹듯 언제 어디서나 간편하게 즐길 수 있는 문화 콘텐츠 의 대표적 콘텐츠로 소비자에게 재미를 주는 것이 무엇보다 중요하다. 기획한 웹툰마다 성공시키며 재미의 원리를 깨달은 작가들도 있지만, 웹툰 작가 지망생뿐만이 아니라 이미 데뷔한 작가들도 재미의 원리를 찾지 못해 미궁 속에서 헤매기도 한다.

여러 논문과 자료를 통해 재미의 공식에 대한 이론적 정리가 어느 정도 되어있음에도 모든 작가의 웹툰이 재미있진 않다. 심지어 웹툰 플랫폼에서도 흥행작에 대한 수만 건의 데이터가 쌓여있음에도 그들이 선택하는 모든 작품이 성공하지는 못한다. 이는 드라마나 영화도 마찬가지이다. 할리우드에서 몇천억 원의 제작비를 들여 최고의 감독, 시나리오 작가, 스태프, 배우를 섭외해 영화를 만든 뒤 다시 천문학적인 비용을 들여 홍보해도 흥행 실패하는 작품이 수도 없이 나온다.

이처럼 이야기 콘텐츠에서 재미를 만들기란 매우 어렵다. 재미의 원리를 찾기 위해 봤던 여러 강의와 자료 중에 내 수준에서 가장 이해하기 쉬웠던 재미있는 이야기 분류법을 소개하겠다. 이 분류법에서 세상의 이야기는 딱 세 종류로 나뉜다.

① 나만 재미있는 이야기
② 나도 모르게 엿듣는 이야기
③ 나에게 일어났으면 하는 이야기

① 나만 재미있는 이야기

"내가 군대 있을 때 *군단 *포병 여단 예하 부대 **대대 ***포대에서 복무했는데 여단 체육대회 때 이야기를 해줄게. 내가 그때 최전방 공격수였거든. 내 발에 우리 소대의 운명이…"
이렇게 군대에서 축구 경기를 한 이야기같이 화자는 신나지만, 청자는 별로 궁금하지 않은 이야기가 '나만 재미있는 이야기'일 가능성이 크다고 한다.

② 나도 모르게 엿듣는 이야기

"야야. 사장이랑 김 팀장 바람피운 얘기 들었어? 화장실에서 둘이…" 등의 이야기처럼 내 인생에서 겪고 싶진 않지만, 카페 옆자리 모르는 사람들의 대화임에도 불구하고 엿듣게 되는 종류의 이야기가 '나도 모르게 엿듣는 이야기'라고 한다.

③ 나에게 일어났으면 하는 이야기

"나 로또 1등 당첨돼서 500억이 생겼어", "아이돌 ***이 날 좋아한대", "나에게 초능력이 생겼어" 또는 요즘 유행하는 수많은 회귀물, 전생물, 환생물 같이 현실에서 일어나기는 힘들지만 체험하고 싶은 이야기가 '나에게 일어났으면 하는 이야기' 영역에 속한다고 한다.

위의 세 가지 이야기 분류법에서 독자들은 일반적으로 '② 나도 모르게 엿듣는 이야기', '③ 나에게 일어났으면 하는 이야기'에 재미를 느낀다고 한다. 하지만 안타깝게도 대부분의 웹툰 작가나 작가 지망생은 '① 나만 재미있는 이야기'에만 집중하므로 플랫폼과 독자들의 외면을 받는 경우가 많다는 것

155

이다. 하지만 앞서 웹툰 작가의 장점 첫 번째로 꼽은 게 '내가 하고 싶은 이야기를 하는 것'이 아니었냐고 따질 수 있다. 맞다. 하고 싶은 이야기를 하는 게 웹툰 작가의 최고의 장점이다. 봉준호 감독도 영화과 학생을 대상으로 한 강연에서 "내가 하고 싶은 얘기를 안 할 거면 왜 영화감독이 되려고 하는가?"라고 말한 바 있다.

하지만 봉준호 감독은 "나는 내가 보고 싶은 영화를 만든다"라고도 말했다. '내가 보고 싶은 영화' 역시 '나도 모르게 엿듣는 이야기', '나에게 일어났으면 하는 이야기'와 맥락을 같이한다고 볼 수 있다. 결국 우린 내가 재미있는 이야기를 상대방이 엿듣고 싶고 겪고 싶게 만들어야 한다.

Q4
웹툰 작가는
언제 쉬나요?

연재 중에는 마감에 쫓기느라 일주일에 하루도 쉬지 못할 때
가 많다. 하지만 연재가 끝나면 그동안 못 쉬었던 것을 몰아
서 마음껏 쉴 수 있다. 대신 수입이 없어서 불안해하며 쉰다.
물론 모든 작가가 이렇게 쉬지는 않는다. 연재 전 미리미리
세이브 원고를 쌓아 놓고 성실히 작업하는 작가들은 연재 중
에도 충분한 휴식을 취하며 살아간다.

157

Q5
웹툰 작가로서 받는 스트레스는
어떤 게 있나요?

회사 다니던 시절의 스트레스가 100이라면 웹툰 작가가 된 이후 받는 스트레스는 10 정도 되는 것 같다. 물론 이전 직장에서 극심한 스트레스를 받았기 때문일지도 모르지만, 내 성향에는 직장 생활보다는 프리랜서 생활이 마음 편하다. 비교적 적은 스트레스 속에서도 만화 실력이 부족할 때나 비난 댓글을 볼 때는 정신적으로 나약해지고 스트레스를 받는다.

글 작업을 할 때는 A라는 사건에서 B라는 사건으로 이어질 때 개연성이 생기지 않으면 스트레스를 받는다. 독자들을 설득할 만한 개연성을 만들어내야 하는데 여기서 막히면 몇 시간을 고민하며 스트레스를 받는다. 대신 개연성이 만들어졌을 때 느끼는 즐거움 또한 크다.

그림 작업할 때는 소위 말해 '그림이 안 그려지는 수렁'에 빠질 때가 있다. 갑자기 그림이 안 그려져서 단 한 컷을 그리기 위해 2시간 넘게 지웠다가 그렸다가를 반복한다. 심지어 2시간 넘게 고생해서 겨우 완성한 컷을 삭제하고 다시 그리는 경우도 허다한데 아이러니하게도 그런 컷은 내용 진행상 별로 안 중요한 컷일 때가 많다.

비난 댓글에 스트레스를 받기도 한다. 많은 웹툰 작가들은 악성 댓글을 경험하고 그로 인해 스트레스를 받고 있다. 나 역시 앞서 잠깐 말했듯이 네이버 도전만화 연재 시절 약속한 연재 요일을 못 지켜서 비판과 비난 댓글을 많이 받았다. 비난 댓글을 보며 자신을 단련한다는 창작자들도 있지만 나는 정신력이 강하지 못해 댓글을 안 보는 걸 선택했다. 데뷔 후 케이툰에서 연재할 때는 응원해주시는 분들이 많아서 댓글로 큰 스트레스를 받지 않았다.

Q6
일하면서 받는 스트레스는
어떻게 해소하나요?

만화가 잘 만들어지면 스트레스는 저절로 해소된다. 가벼운 스트레스는 재미있는 영상을 본다거나 산책이나 자전거를 타는 것만으로도 사라지고 큰 스트레스도 자고 일어나면 대부분 사라지는 편이다.

적당한 스트레스가 작업에 도움이 되기도 한다. 스트레스를 받을 때 생기는 긴장, 흥분, 공격성 등은 긴장의 끈을 놓치지 않게 해주어 집중력을 높여주고 재빠르게 움직이게 한다. 특히 밑 색 등의 단순 작업을 하고 있을 때 약간의 스트레스라는 연료를 쓰면 '차인표 분노의 양치질'처럼 평소보다 1.5배 빠른 속도로 작업을 처리할 수 있게 된다.

그러니 스트레스를 받을 땐 '평소보다 작업처리속도가 빨라지겠네? 오히려 좋아!'라고 생각하며 스트레스를 반겨주자. 스트레스는 게을러진 나를 신속하게 만들어주는 고마운 존재다.

Q7
주로 재택근무를
하나요?

나의 경우 주로 재택근무를 한다. 작업에 집중이 안 되거나
바깥 날씨가 좋으면 카페에서 작업한다.

카페에서 작업하는 모습

스튜디오 소속 작가의 경우 주로 사무실로 출퇴근한다. 스튜
디오 소속 작가가 아님에도 작업실에서 작업하는 게 편한 작
가들은 개인 또는 동료 작가와 함께 작업실을 구해 작업한다.
작업실 임대료가 부담스러운 작가들은 한국만화영상진흥원
만화 작가실을 임대해 작업하기도 한다. 가장 큰 장점이라면

연세와 관리비가 일반적인 작업실에 비해 압도적으로 저렴하다. 진흥원의 다양한 소식을 빠르게 접할 수 있는 것 또한 장점이다. 만화인들로 가득 찬 공간이기 때문에 다양한 협업, 플랫폼 정보, 웹툰계 최신 정보 등 활발한 교류가 이루어진다. 이처럼 웹툰 작가는 기본적으로 프리랜서인 만큼 일하는 형태도 작가의 취향에 따라 다양하다.

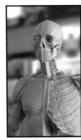

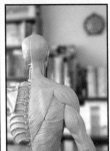

한국만화영상진흥원 만화 작가실에서 작업하는 동료작가의 작업실

3 웹툰 작가에 대한 모든 것

3개월 후

쿠엥~

꿈도 이루고 인기도 돈도 많은데

하루하루가 왜 이렇게 힘드냐?

그건 작가님께서 1화에 200컷 넘게 그리시니까 그렇죠.

아무래도 스튜디오를 차려야겠어.

네?! 외계인이신데 가능하세요?

다 방법이 있지.

Q1
하루 근무시간은
얼마나 되나요?

작가의 작업 스타일이나 작품 분량이 따라 달라진다. 한국콘텐츠진흥원에서 발표한 '2021 웹툰 작가 실태보고서'에 따르면 웹툰 작가들은 평균 주 5.9일 일하고 하루에 10.5시간 일하는 것으로 나온다. 나의 경우 연재 중에는 주 6.5일, 하루 12시간 이상 일하고 진짜 바쁠 때는 하루 20시간 가까이 일하기도 한다. 현재는 연재하고 있지 않아서 주 6일 하루 6시간 정도 일한다.

웹툰 작가가 되어
좋은 점은 무엇인가요?

내 이야기를 할 수 있다는 게 가장 좋다. 동시에 내 이야기를 좋아해주는 팬이 생긴다는 게 좋다. 내 시간을 내 마음대로 계획하고 사용할 수 있어서 좋다. 온종일 집에만 있거나 쓸데 없는 망상하는 것 등 일반적으로 생각했을 때 약점, 단점이라고 생각되는 성향도 웹툰 작가에게는 장점이 되는 것이 좋다. 무례하고 이상한 사람에게 불쾌한 일을 겪더라도 기분 나쁜게 끝이 아니라 메모해 뒀다가 캐릭터에 사용할 수 있어 좋다. 내가 듣고 보는 모든 것들이 웹툰 만드는 데 직간접적으로 쓰일 수 있어서 좋다. 영화, 드라마, 팟캐스트, 유튜브를 틀어놓고 자유롭게 작업할 수 있어 좋다. 예쁜 카페에서 작업할 수 있어 좋다.

이야기 전달 매체로서 웹툰의 좋은 점도 있다. 웹툰은 영화나 드라마보다 내 상상을 비교적 빠르고 쉽게 구현할 수 있다. 공중부양 장면이 있다면 드라마나 영화는 사람 몸에 줄을 달거나 CG 처리 비용이 들겠지만, 웹툰은 공중 배경에 사람을 그리기만 하면 된다. 영혼, 괴물, 장풍, 신체변형, 손톱이 길어지는 렙틸리언 등 드라마나 영화에서 인력과 비용이 많이 들어가는 장면들을 웹툰에서는 비교적 간단하게 만들 수 있다.

Q3

반대로 웹툰 작가로서
힘든 점은 무엇인가요?

첫째, 주 1회 연재라는 일정이 힘들다. 미리미리 작업하지 않으면 연재하는 동안 놀러 못 가고 경조사도 못 가고 활동 반경이 사는 곳 주변 10km를 넘어가지 못할 정도로 나의 시공간이 제한된다. 이러한 고된 작업으로 인해 건강이 상할 수 있다. 둘째, 프리랜서이기 때문에 고정 수입이 없는 점이다. 작품이 끝나면 사실상 무직이다. 끊임없이 새 작품을 구상해야 한다. 셋째, 내가 만든 웹툰에 달리는 악성 댓글에 상처받을 수 있다.

한국콘텐츠진흥원의 '2021년 웹툰 작가 실태조사'에 따르면 실제 웹툰 작가로서 겪는 어려움으로 대다수 웹툰 작가들이 '연재 마감 부담으로 인한 작업시간 및 휴식시간 부족'을 꼽았다. 그다음으로 '과도한 작업으로 정신적/육체적 건강 악화', '적고 불규칙한 수입 및 차기작 준비 중 경제적 어려움', '플랫폼/에이전시와의 수익배분수수료 등을 둘러싼 갈등', '악플 스트레스', '플랫폼/에이전시 매니지먼트 와의 관계 담당 PD와의 관계 등' 순으로 어려움을 겪고 있는 것으로 집계됐다. 아래 표는 웹툰 작가로서 겪는 어려움에 대한 실태조사를 정리한 것이다.

웹툰 창작 활동을 할 때 다음 사항에 대해 얼마나 어려움을 느끼고 계십니까?

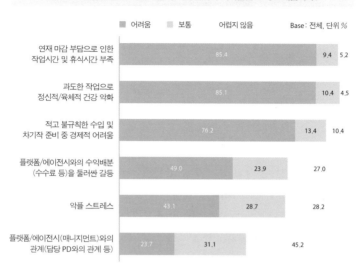

■ 어려움　■ 보통　□ 어렵지 않음　　　Base : 전체, 단위 %

연재 마감 부담으로 인한
작업시간 및 휴식시간 부족 : 85.4 / 9.4 / 5.2

과도한 작업으로
정신적/육체적 건강 악화 : 85.1 / 10.4 / 4.5

적고 불규칙한 수입 및
차기작 준비 중 경제적 어려움 : 76.2 / 13.4 / 10.4

플랫폼/에이전시와의 수익배분
(수수료 등)을 둘러싼 갈등 : 49.0 / 23.9 / 27.0

악플 스트레스 : 43.1 / 28.7 / 28.2

플랫폼/에이전시(매니지먼트)와의
관계(담당 PD와의 관계 등) : 23.7 / 31.1 / 45.2

Q4

웹툰 작가가 겪는
직업병이 있나요?

장시간 앉아 있는 직업이기 때문에 주로 치질, 거북목증후군, 목디스크, 허리디스크 등으로 고통받는다. 손을 계속 사용하기 때문에 손목터널증후군, 손목건초염에 힘들어하는 작가들도 많다. 모니터를 오랫동안 보기 때문에 시력이 저하되기도 한다. 정신적으로는 수면장애, 우울증, 공황장애 등으로 고생하기도 한다.

Q5
웹툰 작가가 아플 땐
어떻게 하나요?

연재 중에는 아픈 걸 참고 있다가 연재가 끝나고 몰아서 병원에 가는 작가들이 많다. 심각한 질병일 경우 장기간 휴재하며 치료에 전념하기도 한다. 웹툰 작가뿐만 아니라 모든 사람에게 해당하는 말이지만 평소에 건강 관리하며 미리 질병을 예방하는 것이 중요하다.

1. 척추 질환 관련

웹툰 작가에 도전한다고 했을 때 선배 작가님이 가장 먼저 한 조언이 그림 조언, 글 조언도 아닌 모니터를 눈높이에 두고 작업하라는 것이었다. 고개를 숙이고 작업하는 순간 목뼈가 머리 무게를 견디지 못해 부상 위험이 있다며 책상을 높이거나 모니터 받침대를 둔다거나 모니터 암을 활용한다거나 무슨 수를 써서라도 모니터를 자신의 눈높이에 맞추라고 말했다. 그리고 액정 태블릿 또한 거치대를 활용해 최대한 눈높이에 가깝게 올려 작업하는 내내 허리를 바르게 세우고 있어야 한다고 조언해주었다. 척추를 위해 좋은 의자를 사용하고 의자가 높다면 발 받침대도 사용해야 한다. 박태준 작가의 경우 자세 교정용 무릎 의자를 사용한다고 한다. 무엇보다 평소 스트레칭을 자주 해주고 척추 관련 문제가 생긴다면 바로 병원을 찾아야 한다.

2. 손목 질환 관련

손목이 아프면 안 쓰는 것이 가장 좋겠지만, 직업상 그럴 수
없다면 최대한 무리가 가지 않는 방향으로 작업해야 한다. 특
히 펜을 꽉 쥐는 버릇 때문에 손이 아픈 경우가 많다. 평소 쓰
는 펜 선 두께보다 2~3포인트 키워서 작업하는 걸 추천한다.
예를 들어 평소 펜 선 두께가 7포인트라면 9~10포인트로 키
워서 작업하면 펜을 살살 쥐게 된다. 많은 작가가 손목의 충
격을 줄이기 위해 손목 보호대를 사용하거나 트랙볼 마우스,
버티컬 마우스 등을 사용한다. 손목 또한 자주 스트레칭을 해
주는 것이 좋고 손목이 아프다면 바로 병원을 찾아야 한다.

3. 항문 질환 관련

치질 수술을 한 사람들이 공통으로 하는 말이 기미가 있을 때
병원 가서 치료하라는 것이다. 미루면 미룰수록 나중에 겪게
되는 고통이 배가 되기에 이미 질환이 있다면 바로 병원을 가
는 게 좋다. 평소에 관리하는 방법으로는 푹신한 의자나 도넛
방석 사용, 좌욕, 항문 주변을 따뜻하게 하기, 대변을 볼 때 과
도하게 힘을 주어 직장 주변 혈관 압력을 높이지 않기, 화장
실에 오래 앉아있지 않기, 물 많이 마시기, 채소 많이 먹기, 가
벼운 산책하기 등이 있다.

4. 정신 질환 관련

많은 작가가 악성 댓글에 대한 스트레스 등으로 인해 공황장
애 등의 정신 질환을 앓는다. 증상이 있을 시 즉시 병원으로

가서 약물 치료와 인지행동 치료를 받아야 한다.

너무 당연한 얘기지만 신체적, 정신적 문제가 생기면 즉시 병원으로 가서 의사의 진료와 치료를 받아야 한다.

Q6
체력 관리는
어떻게 하나요?

민망한 얘기지만 나는 체력 관리를 잘하지 못한다. 평소 하는 체력 관리로는 자전거 타기 정도가 전부이지만 그나마 다행인 건 체력이 나쁘지 않은 편이라 연재 중에 체력 문제가 있었던 적은 없다.

본인이 체력이 약하다면 자신의 체력에 맞게 업무를 분배하면 된다. 체력이 약한 동료 작가의 경우 체력에 따른 업무 분배를 매우 잘해서 나보다 훨씬 건강하게 연재를 마치고 심지어 연재 중에 다양한 외부활동까지 하는 경우를 보았다.

뻔한 얘기이고 나도 잘 실천하지는 못하지만, 음식 골고루 먹고 잘 자고 가벼운 운동이라도 꾸준히 하여 체력을 관리하고 자신의 체력이 어느 정도인지 파악해 업무를 잘 배분하는 게 가장 중요한 것 같다.

Q7
마감을 지키지 못할 땐
어떻게 하나요?

상상만 해도 끔찍하다. 네이버 베스트 도전만화 연재 당시에는 마감을 지키지 못해 사과문을 여러 번 작성했었지만, 다행히 정식 연재 당시에는 마감을 어긴 적이 없다. 마감을 지키지 못한다고 해서 세상이 끝나는 건 아니다. 대신 독자들과 플랫폼의 신뢰를 잃게 된다. 플랫폼에 따라 휴재권을 주는 곳이 있는데 마감을 지키지 못할 상황이라면 휴재권을 사용하면 된다.

웹툰 작가라면
공감하는 이야기

1. 혼자 연기하기

대사를 소리 내서 읽어 보아야 문장이 자연스러워서
따라 읽다 보면 자연스럽게 연기 중인 나를 발견한다.
어려운 동작이나 표정은 상상으로 그리기 힘들어서
셀카를 찍다 보니 포즈 연기, 손 연기도 자주 하게 된다.

2. 성공하는 상상하기

공모전에서 대상을 받아 위풍당당 플랫폼에 입성하고,
이곳에서 '요일 1위'를 하고, 누가 들어도 알만한 대표작이 생기고,
돈을 많이 벌어서 나만의 작업실을 꾸리고, 성능 좋은 장비도 사고,
여러 명의 보조 작가와 함께 작업하고, 나의 웹툰이 드라마나 영화화가 되고,
드라마, 영화가 잘 돼서 웹툰 결제가 늘어나는 등
꼬리에 꼬리를 무는 성공하는 상상을 자주 한다.

3. 부러워하기

진짜 재밌는 웹툰이나 영화, 드라마를 보면 '어떻게 저런 상상을 할 수 있지?',
'나도 이런 거 만들고 싶다', '저 작가는 그림을 왜 이렇게 잘 그리지?',
'저 작가의 글은 왜 이렇게 술술 읽히지?' 등
내가 못 하는 걸 해내는 작가님을 보며 신기해하고 부러워한다.

4. 완결 후 계획 세우기

연재 중에는 완결만 하면 뒤도 안 돌아보고 전국을 여행하며,
유명한 맛집에 가고, 잠도 하루에 12시간 푹 자고,
그동안 못 본 웹툰을 몰아보겠다는 별의별 계획을 세우지만,
정작 완결하면 미래가 불안해서 집에서 다음 작품을 구상한다.

1 웹툰 작가의 현실

작가님.
스튜디오 직원은
몇 명 뽑으실
거에요?

10명은 넘게
뽑아야겠지?

너는
어떻게 할래?

곰곰...

저는 팀에서
빼주세요.

작가님께 많이
배우고 추억도
많지만

이제 집도 그리고
제 작품도 하고
싶어요.

그렇게 해.
네가
선택한 거다?

Q1
웹툰 작가의 노동 강도는
어떻게 되나요?

지금까지 의상 디자인, 광고 디자인, 제품 패키지 디자인, 택배 상하차, 물류창고 상하차, 도금 공장, 휴대전화 조립공장, 하드 디스크 AS 공장, 삽화 작업, 벽화 작업, 편의점 아르바이트, 노래방 카운터 등의 다양한 일을 경험해 봤는데 웹툰 작가는 그중에서도 노동 강도 상위권이라고 생각한다. 창작의 고통에 더해 마감에 쫓겨 하루에 2~3시간 자며 작업할 때면 '내 목숨을 깎아서 웹툰을 만드는구나'라는 생각이 든다. 하지만 노동 강도만큼 완성했을 때 만족도 또한 최고다.

Q2
웹툰 작가로서 겪는
고충이 있나요?

프리랜서로서 수입이 불규칙하다는 불안감이 있다. 연재가 들어가면 쉬는 날이 없이 일한다는 것도 힘든 점이다. 대형 플랫폼 연재 작가라면 매주 수만 명의 대중에게 평가를 받아야 한다는 점이 부담으로 다가올 것이다. 일반적인 직업에 비해 높은 도덕성을 요구받고 신상이 공개된다는 점 등 사생활 노출에 시달리는 것도 힘든 점이라고 할 수 있다.

또한, 나는 전혀 의도하지 않았으나 내 웹툰 내용 중에 차별적 표현이나 비하가 있다거나 혹은 표절 논란이 생기는 것 등의 두려움을 항상 안고 있다. 그리고 고충까지는 아니지만, 웹툰 작가가 되기 전보다 웹툰을 덜 즐기게 되었다. 예전에는 요일마다 챙겨보는 웹툰이 있었지만, 요즘은 트렌드 파악이나 공부를 위해 웹툰을 보는 비중이 커졌다.

Q3
웹툰 작가가 되는데
나이 제한이 있나요?

나이 제한이 없다는 게 웹툰 작가라는 직업의 최대 장점 중 하나가 아닐까 생각한다. 나이뿐만이 아니라 경력, 인종, 국적, 종교, 성적지향, 장애 등을 전혀 보지 않는다. 재미만 있으면 된다. 나 역시 30대 중반이라는 다소 늦은 나이에 데뷔했다. 다만 낮은 연령대에서 웹툰 소비가 많이 이루어지는 만큼 나이가 많더라도 젊은 감각을 유지하기 위해 노력해야 한다.

Q4
웹툰 작가의 정년은
언제까지인가요?

웹툰 작가가 되는데 나이 제한이 없는 것처럼 정년도 없다. 강은영, 허영만, 천계영, 장태산 작가처럼 실력 있고 바뀌는 만화시장 트렌드에 잘 적응한다면 평생 할 수 있다.

네이버 웹툰 상위권을 지키고 있는 김성모 작가와 카카오 웹툰을 대표하는 윤태호 작가 모두 1969년생이다. 비교적 높은 나이에 속하지만, 이들처럼 독자를 사로잡는 웹툰을 그려낸다면 나이와 상관없이 계속 웹툰 작가로서 일할 수 있다.

Q5
웹툰 작가는 모두
비정규직인가요?

나와 같은 프리랜서 작가의 경우 비정규직이다. 플랫폼과 작가의 계약이 아닌 플랫폼과 작품이 계약하는 구조이기 때문에 연재가 끝나면 다시 자유 신분으로 돌아가게 된다.

웹툰 스튜디오 소속 작가들은 일반적인 회사처럼 4대 보험이 되는 정규직 비율이 높다. 그러나 계약직이나 프리랜서를 뽑는 스튜디오도 있으므로 스튜디오 취업을 희망한다면 구직사이트에서 정규직인지 비정규직인지 확인하고 지원하는 것이 좋다.

2 웹툰 작가의 매력

괜찮아. 나도 사무실 알아보고 이것저것 해야 해서 내려가야 해.

와! 그러면 작가님이 인간으로 변신하는 거 처음으로 볼 수 있겠네요!

변신?

렙틸리언이 변신해서 인간 모습으로 되는 거로 알고 있구나?

그러면 어떻게…?

185

Q1
웹툰 작가가 된
가장 큰 이유가 무엇인가요?

어릴 적 꿈이 만화가였다. 여러 핑계로 외면하고 있었던 꿈이었는데 전 직장에서의 퇴사를 하게 되고, 우연히 발견한 국비 지원 웹툰 교육을 받게 되면서 꿈을 이룰 수 있게 되었다. 운 좋게 훌륭한 선생님을 만난 것도 꿈을 이루는 데 큰 요인이 되었다. 초보도 이해하기 쉽도록 재미있게 알려주신 덕분에 교육 첫날부터 웹툰의 매력에 푹 빠졌다. 만약 수업 수준이 높거나, 강의를 지루하게 하는 선생님을 만났다면 중간에 웹툰 작가 도전을 포기했을 수도 있다.

이처럼 여러 요인이 운 좋게 맞아떨어져 데뷔할 수 있었다. 실제 웹툰 작가가 되어보니 내가 만든 만화를 사람들이 재미있게 봐준다는 것만으로도 행복하고 충분히 되길 잘했다는 생각이 든다.

Q2
어떤 웹툰 작가가
좋은 웹툰 작가인가요?

개인적으로 웹툰을 보는 2~3분 동안 독자를 두근거리게 하고 순식간에 스크롤을 내릴 정도로 작품에 몰입하게 하는 작가가 좋은 웹툰 작가라고 생각한다. 또한, 스크롤 내리는 게 아까워서 그림 한 컷 대사 하나하나 정독하고 천천히 음미하게 하는 작가 또한 좋은 웹툰 작가라고 생각한다. 나아가 독자의 기대 웃음, 눈물, 감동, 사랑의 설렘, 공포, 긴장감, 성적 자극 등를 충족시키는 작가 또한 좋은 웹툰 작가라고 생각한다.

Q3
독자에게 어떤 웹툰 작가로
기억되고 싶나요?

웹툰 작가라면 대부분 같은 생각을 할 것이다. 웹툰 작가로서 재미있는 웹툰을 만들어 독자분들에게 사랑받는 것이다. 나 역시 '마브로' 작가라고 했을 때 떠오르는 대표작이 있고 평균 이상의 재미를 보장하는 웹툰 작가로 기억되고 싶다.

Q4

웹툰 작가로서
이루고 싶은 꿈이 있나요?

이건 너무 큰 꿈일 수도 있지만, 리들릿 스콧 감독이나 마틴 스코세이지 감독처럼 노년에도 작품 활동을 활발히 하는 웹툰 작가가 되고 싶다.

189

3 웹툰 작가의 미래

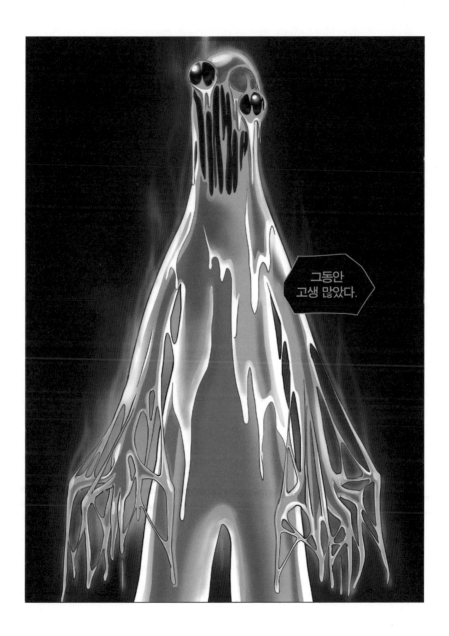

웹툰 작가의 전망은
어떠한가요?

포브스에서 선정한 '2021년 한국인이 가장 많이 사용한 모바일 앱 순위'를 보면 13위에 카카오 웹툰이 있고, 18위에는 네이버 웹툰이 있다. 또 와이즈리테일에서 발표한 '한국인이 가장 많이 사용한 앱2022년 4월 기준' 조사에서 네이버 웹툰이 7위에 오르기도 했다.

순위를 증명하듯 한국 웹툰 산업 규모는 매년 커지고 있다. 한국콘텐츠진흥원 '2021년 웹툰 사업체 실태조사'에 따르면 2020년 웹툰 산업의 매출이 조사 이래 최초로 1조 원을 돌파했다. 웹툰을 활용한 다양한 IP지식재산권 산업, NFTNon-Fungible Token, 대체 불가능 토큰 시장의 확장으로 인해 많은 전문가 또한 웹툰 산업의 성장을 긍정적으로 전망하고 있다.

웹툰 원작으로 재미를 본 영화, 드라마 시장과 웹툰화를 통해 더 큰 매출을 올리는 웹소설 시장 등 미디어 믹스 콘텐츠 시장이 서로를 간절히 원하고 있기에 웹툰으로 자본이 몰리는 현상은 당분간 이어질 것이다.

Q2
웹툰은 앞으로
어떻게 발전할까요?

전자 기기나 소프트웨어의 발달로 작가의 수고는 덜고 작품의 질은 높아질 거로 예상한다. 거대 자본이 투입되어 하나의 IP로 웹툰, 드라마, 영화가 동시다발적으로 제작되는 예가 늘어날 수도 있다.

예를 들어 가상의 현대 판타지 웹툰이 하나의 IP로 웹툰, 모바일 게임, 넷플릭스 시리즈가 동시에 공개된다고 가정해보자. 웹툰은 '인기 모바일 게임, 인기 넷플릭스 시리즈 웹툰 공개!', 모바일 게임은 '네이버 웹툰 1위, 넷플릭스 세계 1위 웹툰, 모바일 게임으로 즐겨라!' 등 서로의 콘텐츠를 홍보 수단으로 쓰며 수익을 극대화할 것이다.

웹소설 시장이 커짐에 따라 웹툰 스튜디오를 중심으로 한 노블코믹스 시장이 커지는 현상 또한 현재 진행형이며 앞으로도 이어질 가능성이 크다. 이에 따라 나와 같은 개인 작가는 점점 사라지고 노블코믹스에 막혀 연재의 벽을 넘기 힘들지도 모른다. 하지만 영화 관객들이 블록버스터 영화만 보지 않듯이 작은 규모의 만화에 대한 웹툰 독자들의 수요 또한 꾸준히 있을 것으로 예상한다.

Q3

웹툰 작가 지망생들에게
해주고 싶은 말이 있나요?

웹툰 작가는 힘든 직업이다. 매주 창작의 고통 속에 마감해야 하고 시간 관리를 못하면 휴식 없이 온종일 웹툰만 그리게 될 수도 있다. 프리랜서다 보니 수입이 고정적이지 않을 수도 있다. 작품이 흥행하지 못하면 가난한 웹툰 작가가 될 수도 있다. 사람을 전혀 만나지 않아서 인간관계가 좁아질 수도 있다. 전혀 의도하지 않았던 오해로 논란 있는 작가로 낙인될 수도, 개인 신상이 파헤쳐질 수도 있다. 악성 댓글로 정신적 고통을 받을 수 있고 심하면 정신과 치료를 받게 될 수도 있다.

하지만 웹툰 작가는 소소한 즐거움이 많다. 출퇴근을 안 해도 된다. 그래서 교통비가 나가지 않는다. 일하면서 웹서핑이나 인터넷 쇼핑을 몰래 안 해도 되며, 직장 상사가 없어 눈치를 보지 않아도 돼서 인간관계로 인한 스트레스가 덜하다. 듣고 싶은 음악을 들으면서 일할 수 있으며 좋아하는 드라마, 영화를 보면서 일할 수도 있다. 어디든 사무실이 될 수 있어 예쁜 카페를 작업실로 쓸 수 있고, 집에서 일할 경우 반려동물과 많은 시간을 보낼 수 있다. 자고 싶을 때 자고 일어나고 싶을 때 일어날 수 있다. 배고플 때 밥 먹을 수도, 쉬고 싶을 때 쉴 수 있다. 그렇다 보니 월요병이 없다. 새해 달력을 펼쳐 그 해의 빨간 날을 세지 않아도 된다. 평일에 놀러 갈 수 있어 유명한 맛집에 줄 서지 않아도 되고 성수기를 피해 여유로운 휴가를 즐길 수 있다. 날씨 좋을 땐 자전거 타고 동네 구석구석을 다니며 산책도 할 수 있다.

단점이라고 생각했던 것들이 장점이 될 수 있다. 좋아하는 일을 하며 돈을 벌 수 있다. 취미가 곧 특기가 된다. 내 고생의 대가를 내가 가져갈 수 있다. 내가 열심히 하면 내가 성장한다. 하고 싶은 게 있을 때 남의 허락이나 결재를 구하지 않아도 된다. 작품을 통해 내가 창조한 세계를 만들 수 있다. 내가 하고 싶은 이야기를 하는데 누군가가 봐준다. 내 이름으로 웹툰이 나온다. 또 정년이 없어 내가 계속 일을 하고 싶으면 할 수 있다. 내가 죽어도 내 만화는 영원히 남는다.

그래서 웹툰 작가 지망생들에게 다음과 같은 말을 하고 싶다.

"자잘한 행복을 자주 느낄 수 있는 웹툰 작가라는 직업, 할만하지 않나요?"

웹툰 작가라면
알아두어야 할

기본 용어

원고료

원고를 플랫폼에 납품하고 받는 급여. 가령 계약 시 '회당 원고료는 50만 원으로 책정하고 미리보기 결제 등으로 발생하는 추가 수익은 작가와 플랫폼이 비율에 따라 나누기로 한다'라고 한다면 회당 50만 원 원고료(고정급)＋미리보기 수익(성과급)이 급여로 지급된다. 미리보기 수익이 0원이면 50만 원의 원고료만 받는다.

RS Revenue Share(Sharing), 수익분배 방식

수익배당금(Running guarantee)이라고도 하며 만화로 발생한 수익을 일정 비율에 따라 나누기로 한 약속. 예를 들어 미리보기 수익이 1,000만 원이고 작가와 플랫폼의 수익 분배율이 7：3이리면 작가에게 700만 원을 지급하고 플랫폼이 300만 원을 가져가는 방식이다.

MG Minimum Guarantee, 최소수익 보장

미래에 발생할 수익을 예상해서 미리 지급하는 방식. 예를 들어 50부작 웹툰을 MG 계약한다고 가정하면 아래와 같이 설명할 수 있다.

① 이 만화는 50화 완결까지 5천만 원의 수익이 날 것으로 예상되니
② 5,000만 원÷50화＝1회당 100만 원으로 계산하고
③ 100만 원에서 70만 원을 작가에게 선지급하고 30만 원을 플랫폼이 가져간다.
④ 만약 웹툰 매출이 5,000만 원을 넘어갈 시, 초과 발생하는 수익에 관해서는 정해진 비율로 작가와 플랫폼이 나누기로 한다.

로그라인

작품의 핵심적인 내용을 1~3줄의 한 문장으로 요약한 글. 로그라인에는 주인공의 성격, 추구하는 목표, 핵심 사건, 적대자, 극복해야 하는 장애물, 결말 등이 들어간다.

시놉시스

결말을 포함한 만화 전체를 요약한 줄거리를 말한다. A4 용지 절반 정도 분량이 적당하다.

트리트먼트

회별 주요 사건을 간략하게 쓴 글. 기승전결로 나눠 써도 되고 핵심 사건을 요약해도 좋다.

콘티

컷, 구도, 대사 등 만화의 모든 시각적 연출 요소가 요약된 만화의 설계도. 스토리보드라고도 부른다.

캐릭터

작품 속에 등장하는 인물(또는 동물, 괴물, 로봇)이 지닌 외모적, 성격적 개성이나 특징.
- 외모적 특징 : 얼굴, 머리 모양, 주로 입는 옷, 키, 체형, 성별, 나이 등
- 성격적 특징 : 욕망(목표), 욕망의 좌절(실패), 뒷이야기, 약점, 트라우마, 가치관, 매력, 반전 매력 등

암시

작가의 의도나 사건을 독자에게 넌지시 전달하는 표현 방법.

복선

앞으로 일어날 사건을 예고하는 이야기적 장치.

떡밥(은어)

작품 전반부에 독자의 궁금증을 유발하기 위해 숨겨진 사건이나 요소가 있음을 의도적으로 보여주는 표현 방법. 암시와 복선은 앞으로 일어날 사건에 은유적으로 등장하는 것과는 달리 떡밥은 사건 전개에 적극적으로 개입한다.

떡밥 회수(은어)

작품 전반부에 제시된 떡밥의 정체를 작품 후반부에 드러내는 것.

클리셰

작중에 등장하는 뻔한 설정이나 줄거리.

맥거핀

뭔가 중요한 것처럼 등장하지만, 이야기에 아무 영향을 주지 않는 사건이나 인물, 소품 등의 장치.

플롯

이야기의 뼈대. 이야기의 시작과 결말까지의 구조. 이야기에 등장하는 사건을 개연성 있게 배치하는 것.

3막 구조

1막(발단), 2막(전개, 위기), 3막(절정, 결말)으로 나누어 이야기를 진행하는 방법.

EPILOGUE

씻고 다시
작업 해야지.

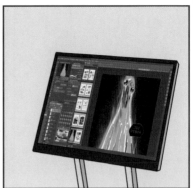

탁-

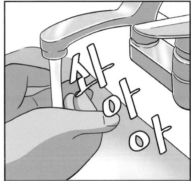

싸
아
아

맨날 먹고 자고
먹고 자고

찹

찹

이따위
정신력으로 무슨
네*버, 카*오
간다고

웹툰 작가, 미리보기

초판 1쇄 발행 2022년 11월 18일
초판 3쇄 발행 2023년 12월 15일

글 · 그림 마브로
발행인 채종준

출판총괄 박능원
책임편집 김채은
디자인 김예리
마케팅 문선영 · 전예리
전자책 정담자리
국제업무 채보라

브랜드 크루
주소 경기도 파주시 회동길 230(문발동)
투고문의 ksibook13@kstudy.com

발행처 한국학술정보(주)
출판신고 2003년 9월 25일 제406-2003-000012호
인쇄 북토리

ISBN 979-11-6801-825-9 03040